从0到1
优秀HR实战手册

王伟杰　侯世霞　周　潮　李仁军◎著

ZERO
TO
ONE

中国宇航出版社
·北京·

图书在版编目（CIP）数据

从0到1 ：优秀HR实战手册 / 王伟杰等著. -- 北京 ：中国宇航出版社，2016.12（2017.6 重印）
ISBN 978-7-5159-1212-7

Ⅰ. ①从… Ⅱ. ①王… Ⅲ. ①企业管理一人力资源管理一手册 Ⅳ. ①F272.92-62

中国版本图书馆CIP数据核字(2016)第259176号

特约策划 肖胜萍　王　景
责任编辑 吴媛媛　　**装帧设计** 宇星文化　久品轩

出　版 发　行	**中国宇航出版社**		
社　址	北京市阜成路8号 (010)60286808	邮　编	100830 (010)68768548
网　址	www.caphbook.com		
经　销	新华书店		
发行部	(010)60286888 (010)60286887		(010)68371900 (010)60286804（传真）
零售店	读者服务部 (010)68371105		
承　印	三河市君旺印务有限公司		
版　次	2016年12月第1版		2017年6月第2次印刷
规　格	710×1000	开　本	1/16
印　张	17.5	字　数	220千字
书　号	ISBN 978-7-5159-1212-7		
定　价	45.00元		

本书如有印装质量问题，可与发行部联系调换

推荐序

在激烈的市场竞争中，企业之间的比拼趋向于整体化、长期化，而人力资源管理水平的高低，很大程度上会影响企业核心竞争力的高低。

人力资源管理的对象是“人”，一切管理都是围绕“人”这个中心而展开。是人组成了团队，再由团队形成了完善的企业组织架构。因此，企业的竞争既是人的竞争，也是人力资源管理的竞争。

遗憾的是，目前国内不少中小企业领导者对人力资源管理的认识还处于相对模糊的层面，不够重视，导致人力资源管理工作没有为企业发挥更大的作用、提供更重要的资源、形成更强大的竞争力。

我的朋友王伟杰先生多年来始终站在人力资源管理工作的第一线，在承担实际工作的同时，也在培训和指导步入人力资源管理领域的新人。他具备丰富的理论知识和实践经验，既能够站在一定高度看待企业人力资源管理，又懂得如何一步步推动管理实务。因此，称王伟杰先生为人力资源管理这一领域的专家，可谓实至名归。

令人欣喜的是，王伟杰先生在繁忙的工作之余写就了这本著作。我受他之邀阅读全书初稿之后，确信这是一本真正既能普及人力资源管理基础知识，又能为这一领域从业者提供实操指导的好书，既系统全面又专业实用，同时还具备相当的趣味性和故事性，文笔流畅、脉络清晰，的确能够反映出王伟杰先生的才华与心得。

在结构上，这本书尤其注重体现人力资源管理体系的规范和完整。本书知识点涵盖面广，详细介绍了现代人力资源管理各方面的理论知识和在中国企业实践中的应用。

全书理论与实操紧密结合，并融入了王伟杰先生在工作、培训中的真实案例和深刻体会。相信读者阅读后将对人力资源管理有了更客观的认识与了解，并能够将其中的知识转化为实际工作中的技巧，实现个人职业生涯的成长，相信这也正是王伟杰先生孜孜以求的目标。

宝山钢铁股份有限公司原人力资源部部长 博士 刘桂林
2016 年 7 月

自 序

2016 年的夏天分外炎热，坐在汇人网的 CEO 办公室里，我静静地撰写这篇自序，同时也在脑海中梳理着自己多年的职业经历与心得体会。

2002 年，我以人力资源专业硕士研究生（2011 年重回华东师范大学攻读了心理学博士）的学术背景走出象牙塔，正式步入人力资源管理实践工作领域。此后多年，我一直沉浸在人力资源、心理咨询、培训等工作领域，致力于培养和提升职场白领的专业素质。

时光倥偬，不知不觉中我培训过的学员已有 3 万余名，遍布上海各大知名企业，支撑起这些企业的人力资源管理工作，为经济建设贡献着各自的力量。我在 2005 年创建的汇人网也发展成为上海影响较大、知名度较高的人力资源职业资格培训机构。与此同时，我也从未放弃过著述笔耕，多年来，我受上海市人力资源和社会保障局等专业机构的委托，出版了多本教材、专著，对人力资源管理的指导起到了一定的作用。

从事人力资源培训和研究是我年轻时就选择的事业，至今仍是我人生快乐的重要源泉。每当看见前来听课的人力资源从业者，或血气方刚，或老成持重，却无一不带着求知若渴的神情，希望能汲取更多的知识和技巧，我都由衷感受到自我价值充分实现的乐趣。

人力资源将“人”作为研究核心，人力资源管理者是企业组织同员工联系的重要纽带。引导更多人力资源从业者认识并实现这一点，通过帮助他们进而帮助到每一位员工，我认为非常有意义。

因始终怀有责任与激情，我和侯世霞、周潮、李仁军这些志同道合的朋友联手打造出本书，呈现给从事人力资源管理工作或对之有兴趣的朋友。

本书从人力资源最基本的概念、最实用的技巧和最常见的情况出发，力图由浅入深展示如何高效、完美地做好人力资源工作。更为坦率地说，对于许多进入工作岗位的人力资源从业者而言，他们首先要解决的正是书中所列出的一个个看似琐碎、实则重要的问题，只有学会有效地处理这些细节，他们的职业生涯才能越走越远，一帆风顺。

本书旨在通过丰富翔实的理论、真实常见的案例、清晰明了的图表指导人力资源从业者快速掌握管理方法和技巧。如能在日常工作与成长中助他们一臂之力，我和我的同仁将感到由衷的自豪与幸福。

王伟杰

2016 年 6 月

目 录
Contents

第2章 CHAPTERTWO 招聘人才，做好企业人才的管家

第6章 CHAPTERSIX 有福利，赏罚清：解决人才的后顾之忧

第1章

能规划，善优化：让人力资源结构高效

- 从人力资源规划做起
- 如何为企业做人力资源诊断
- 时刻注意企业人才流失状况，制定应对策略
- 优化人才结构的四个技巧

1.1 从人力资源规划做起

人力资源规划是引导人力资源工作的航向图，管理者只有做好有效规划，才能制定出企业人力资源的战略目标，确保人力资源结构科学、全面，充分满足企业发展的需要。

1.1.1 企业人力资源规划的种类

人力资源规划主要包括总体规划和不同的业务规划，这些规划内容为 HR 管理人员日常管理活动提供了可靠的依据与信息。

1. 按照时间分类

· 长期人力资源规划：5 年以上。

· 中期人力资源规划：1 ~ 5 年。

· 短期人力资源规划：1 年或更短。

2. 按照内容分类

· 战略发展规划：企业人力资源整体长远发展模式。

· 组织规划：企业人力资源组织结构设计。

· 制度建设规划：企业人力资源管理制度的开发、建设、推行和实施。

· 员工培养规划：为员工设计的培训、实习、锻炼、调动等计划。

· 员工内部晋升和发展：员工个人职位的提升路径、层次和实现条件等。

由此可见，人力资源的成功规划需要遵照企业的经营战略和目标分析制订，进而形成 HR 管理人员日常工作中的具体目标。

1.1.2 人力资源规划的内容

在制订人力资源规划过程中，HR 管理人员需要科学分析，并确定具体方案的内容。

1. 战略规划

对企业人力资源开发和利用的方针、政策和策略加以规定，体现对人力资源不同规划的指导作用。

2. 组织建设

对企业整体框架进行设计，包括组织存在哪些问题、对管理控制模式应如何调整、对组织结构图应如何设计和调整等。

3. 制度建设

制度建设包括人力资源管理体系的建设、对相关制度内容的调整和优化等。

4. 人员数量规划

人员数量规划包括对人力资源的现状作出分析，对企业岗位、人员需求等供求关系的梳理等。

5. 人力成本控制

人力成本控制指对企业人力成本、人力资源管理成本的整体规划，包括预算、核算以及费用倾斜政策、总体费用控制等。

1.1.3 人力资源规划的原则

想要制订出结构清楚的人力资源规划，需要注意下面几个原则。

1. 实事求是

在人力资源管理工作中，必须通过人力资源规划全面准确地体现企业人力资源结构的设计意图。规划的本身并非打造愿景或进行包装，而是站在企业发展全局的高度，对人力资源管理做好长远布局，确保企业的战略目标能够因规划而获得更为积极的实现。

2. 环境分析

在制订规划过程中，HR 管理人员需要充分研究并考虑内外环境的变化与风险，为此，应该在人力资源的不同计划中，针对不同领域可能出现的情况和变化进行预测，并做出对风险的应对措施。

3. 双赢原则

企业的人力资源规划必须考虑企业和员工之间的价值共赢，因为没有满意的员工，就很难有满意的客户，更不会有满意的企业。因此，如果人力资源规划只看到企业发展，而忽略了员工发展，将会导致企业内部产生矛盾，进而阻碍企业战略发展目标的达成。

【附表 1】 人力资源结构动态统计表

年　　月　　　　　　　　　　　　　　　　　　填表日期：　　　　月　　　日

本月人数	编制人数		男　人　女　人　计　人	月薪	编制内制造人员	元
	编制内人数		男　人　女　人　计　人		编制内管理人员	元
	编制外人数		男　人　女　人　计　人		编制外人员	元
	合计		男　人　女　人　计　人		合计 （占人事费用比率）	元 %
编制人员出勤	应工作日数		日	津贴	职务津贴	元
	缺勤总日工数		日		加班津贴	元
	出勤总日工数		日		值勤津贴	元
	出勤率		%		夜勤津贴	元
	加班总时数		时		外勤津贴	元
人事动态	新进	男	人		特殊工种环境津贴贴	元
		女	人		其他津贴	元
		合计	人		合计 （占人事费用比率）	元 %
		新进率	%			
	离职	男	人	奖金性支出	年终奖金	元
		女	人		退职酬劳金提成	元
		合计	人		不休假代金	元
					其他奖励金	元
	内部调动	男	人		合计 （占人事费用比率）	元 %
		女	人			
		合计	人	其他支出	工伤医药费	元
					抚恤金支持	元
预计受益比率	公司负担部分		元		奠仪金支出	元
	个人负担部分		元		退休金提成	元
	受益总数		元		资遣费支出	元
	负担及受益差额		元		福利金提成	元
	受益率		%		互助金提成	元
互助费动态统计	上月累计结余		元	其他支出	培训基金提成	元
	本月互助费提成		元		训练图书费	元
	本月互助费收入		元			元
	本月互助费支出		元			元
	本月结余		元			元
	累计结余		元		合计 （占人事费用比率）	元
	收／支比率		%		费用总计（100%）	元
备注					每人平均费用	元

经理：　　　　　　人事部长：　　　　　　填表人：

1.2 如何为企业做人力资源诊断

HR管理人员可以通过人力资源诊断全面发现企业在人力资源管理方面所面临的机会与威胁，进而提出有针对性的改革方案，使人力资源得到优化。

对企业的人力资源诊断，包括两方面：一是企业内部员工的各自状态和相互关系，以及人与物之间、人与劳动环境之间的相互关系；二是企业和员工之间的关系，包括招聘、调配、培训、考核、晋升以及奖惩等多方面的政策和方法。HR管理人员必须凭借丰富的管理知识和诊断经验去发现问题，找到解决问题的办法。

不妨看看下面这个人力资源诊断案例。

专业女子美容会所C公司位于深圳市南山区，顾客定位为本地白领阶层或消费水平较高的中青年女士，服务项目包括减肥、养生、护理、健身等。在成立初期，该公司发展迅速，除了总部直营店，还开设了四家直营分店，员工300多人。近年来，公司在经营和管理方面碰到了一些问题，例如优秀的员工经常跳槽、利润逐年下滑、服务品质管控力度也不够。

面对这些问题，公司领导并不清楚问题出在哪里，在HR总监建议下，公司开展了人力资源诊断。

经过诊断发现，公司的问题主要包括以下两点：

（1）优秀员工流失率较高，即使调整了薪酬水平也依然留不住人才，公司成为创业者的“实习基地”。而新招聘的员工又遭遇培训的瓶颈，公司不清楚应该如何更高效地培训他们。

（2）各家分店的业绩相差较大，导致员工工作状态差距巨大，顾客最少的分店，人员流失率最高。

针对以上问题，人力资源诊断发现了下面的问题根源：

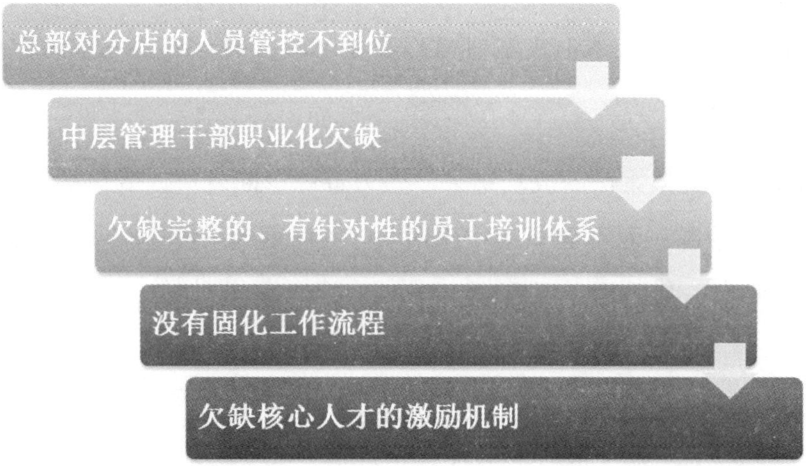

（1）总部对分店的人员管控不到位。首先，总部自身的人力资源管理水平不足，不少领导者并不知道哪些事情要管、哪些事情不必管，因此难以控制不同分店的人员。

（2）中层管理干部职业化欠缺。该公司的中层管理干部大多是从技术水平较高或者工作经验丰富的优秀员工中提拔，然而，他们的管理意识和技能都有所欠缺，并不清楚在人员管理上自己应该扮演什么角色、管理什么事情，往往从管理者变成了救火队长。

（3）欠缺完整的、有针对性的员工培训体系。公司对员工的培训在模式和内容方面都相对单一，没有对员工提升利润的能力展开有针对性的培训。

（4）该公司各门店的工作流程没有固化，这也导致工作效率难以保证，工作质量参差不齐。

（5）最严重的问题是欠缺核心人才的激励机制，公司员工成绩好坏在工资薪酬上无法体现。虽然优秀人才也能得到奖金，但奖金额度并没有形成机制化，较为随意，这也导致员工无法安心留在公司积极奉献自己的精力。

有了这样的诊断结果，该公司HR管理人员和高层进一步确定了问题的优先解决顺序，最终形成了明确的解决思路，制订出了一年内的整体改进计划和具体措施。

想要获得类似案例的成功结果，人力资源诊断就应该既包括人的诊断，也包括事的诊断，而不能只集中于对员工个人的了解和分析。目前，企业人力资源诊断一般采用以下方法。

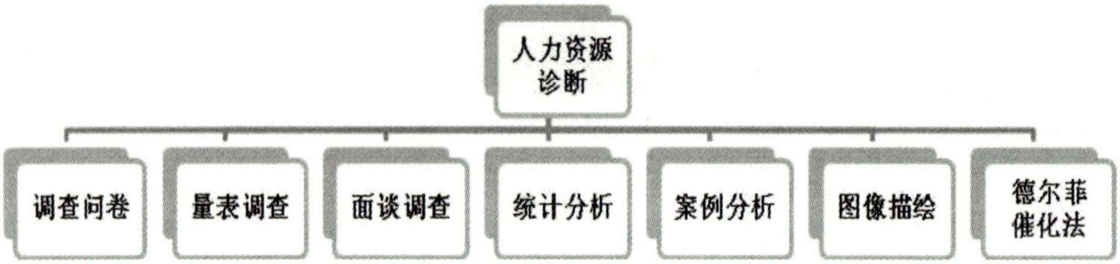

1.2.1 调查问卷法

调查问卷法是人力资源诊断最常见的方法，通过设计问卷了解员工的想法和行为倾向。在人力资源诊断之前，根据不同目的设计出针对不同调查对象的问卷，这些问卷有不同的结构、不同的内容，独立性很强，在收集问卷后对调查结果进行加工和分析，提出员工易于接受的改革措施。

调查问卷法可以用来诊断企业运营状况，也可以单独分析人力资源管理部门的工作效果。这种调查方法的调查面比较广，主要应用抽样调查，事先需要HR管理人员做出问卷设计，然后根据调查目的编制结构性问题，由员工在不受任何干扰、暗示的情况下独立填写，并在规定时间结束、回收，最后由调查人员汇总整理。

在问卷调查中，HR 管理人员必须注意下面几项要点。

（1）要运用正确的用词用语，提问要和调查目的相符合、相统一。

（2）不能用暗示性或者威胁性的语言提问。

（3）问句排列要合乎逻辑，不能将两件事放在同一个问题中。

（4）问卷的回收率必须达到一定的比例。

（5）应事先调研问卷调查的可行性。

1.2.2 量表调查法

量表调查法是指用标准化的等级量表，通过集体测评、员工相互测评和自己测评等多种途径，全面调查企业人力资源的管理状况。这种调查法的优势在于调查项目经过严谨的设计，调查的问题清楚明确，被调查者的选择范围也比较规范。在对调查结果进行统计时，应有统一的计量方法，便于分析比较。

1.2.3 面谈调查法

面谈是人力资源诊断的有效方法。优秀的 HR 管理人员只需要和少数人进行面谈，就能对企业的人力资源管理状况乃至整个企业的状况有较为准确的了解，并能够准确把握组织的运转情况。因此，面谈也是 HR 管理人员了解人力资源现状第一手资料的重要方法。

1.2.4 统计分析法

统计分析法可以对人力资源管理部门所掌握的有关报表进行数理统计分析，这样的分析能够揭示出某种变化趋势。因为报表的数据客观，得出的综合分析结果较有说服力。

1.2.5 个案分析法

HR 管理人员可以在企业内部寻找和确定典型事件、人物和部门，进行人员组织、人力结构、资源功能、发展规划和人力开发等多方面的研究判断。

采取这种方法，一般会使用“多层测评法”，即测评时，要求有足够多的被测评人数，并对被测评人分层取样，这样能确保合理的个案来源结构。同时，个案分析法要求评定者在不受外界干扰的情况下积极自主地进行评定，以保证科学、公平，还要从不同角度获取信息，杜绝片面性评价。

1.2.6 图像描绘法

在采用不同的方法进行诊断之后，HR 管理人员可以将分析结果进行量化处理，直接用统计图表等形式向全体员工展示，并召开会议，听取诊断人员的解释和评论。这样的方法能够消除文字和数字的隔阂，更有说服力，较容易获得员工的支持。

1.2.7 德尔菲催化法

用德尔菲催化法做人力资源诊断的基本步骤如下：

（1）由诊断人员从企业的不同部门获取数据或者数据抽样。

（2）分析数据，做出初步诊断报告。

（3）分析报告，将得出的解决方案制成一览表，提供给各个部门，要求他们提出意见。

（4）得到各部门反馈后，综合形成最终解决方案。

1.3 时刻注意企业人才流失状况，制定应对策略

人力资源日渐成为企业核心资源，高素质人才的流动影响着企业的竞

争能力。企业在不断地招聘、培养人才之后发现他们或主动跳槽或被“猎头”挖走……

2015 年 5 月，格力集团董事长董明珠在参加一次活动时曾说过，有一家国内知名家电企业的领导带一个班子到珠海驻扎来挖格力的人。

对此，董明珠有自己的一套看法，她认为，格力集团的成功不是依靠高薪水从其他企业挖人，而是靠自己来培养人才。对于那些“挖人”的竞争者，董明珠说：“你若是像足球球员公开转会一样，我们无话可说，但不要这样偷偷摸摸来挖人。这种行为我们非常痛恨。”

格力集团拥有大量科研人员，这个团队为格力集团创造出了巨大价值，但最近几年，这些研发人员陆续出走，面对这种情况，身为格力集团掌门人的董明珠，其焦急自然溢于言表。

格力集团尚且如此，普通中小企业面临的人才流失问题更加严重，他们缺乏实力为重要员工不断加薪，法律也不允许他们去阻吓竞争者“挖人”。只有发挥人力资源管理的力量，准备好应急策略，才能有效应对不同原因的人才流失。

1.3.1 人才流失率高的四大因素

想要了解如何应对人才流失，HR 管理人员必须先分析现实情况，了解流失原因。人才流失的原因既有企业方面的，也有员工自身的，大致包括以下几种。

1. 缺乏有效沟通

从个人层面来看，员工流失最主要的原因是缺乏有效沟通，尤其是员工和上司之间的沟通。

HR管理人员应当明白，高素质人才一方面具备更多为企业奉献的能力，另一方面具有更强的自我意识。这类员工在和上司沟通过程中，一旦双方因为文化背景的不同、性格特点的差异，造成误会和隔阂，那么就会远离上司，进而远离企业。有时这类员工也会追随某一位上司离开公司。

2. 经营战略不明确

在激烈的市场竞争中，一些企业对自身的定位不准确，导致经营战略模糊不清，难以指引员工未来的发展方向。员工对自身的职业生涯没有把握，因此在获取一定经验和业绩基础后往往选择另攀高枝，甚至情愿选择薪酬稍低但前途明朗的工作。

3. 激励不当

马斯洛需求层次理论将人的需求分为生理需求、安全需求、社交需求、尊重需求和自我实现需求五个层次。该理论认为，当人类的某种需求得到相对满足之后，其对应的行为动力就会逐渐丧失，这时，更高层次的需求就会产生，人们又会继续采取新行为来满足新需求。

该理论能够很好地解释为什么一些公司“始终”在激励员工，但员工依然无法满足——员工的需求层次已经超出了公司的激励范围，而公司又没有继续满足他们，因此造成员工流失。

比如，当高层管理人员不再满足于追求薪酬目标时，企业就应该针对他们的新需求设计激励方案，而不能认为给予高薪酬，员工就必然会满足。因为，有时薪酬再高，也会有员工因为无法达成新的需求目标而离去。

4. 制度过于传统保守

有不少企业的培训内容落后于员工工作需要和成长期望，晋升制度也不符合员工的职业生涯规划，导致员工跳槽到发展空间大的企业。

在不断变化的市场环境中，懂得积极变化是企业赢得竞争的关键因素。然而，不少企业依然保持着互联网时代之前的管理制度，即使这些制度跟不上时代变化，依然在强制执行，因此造成了人才流失。

1.3.2 应对人才流失的四大策略

企业想要长远发展，必须制定策略，解决人才流失问题。只有让员工队伍稳定下来，才能确保公司持续发展和创新。

下面是为 HR 管理人员应对人才流失提供的几项建议。

1. 制订对员工普及愿景的计划

员工不了解企业的愿景，就看不清现在的工作道路，进而产生种种负面情绪，例如不安、焦躁、疑虑。HR 管理人员应该结合企业实际情况，按照员工的层级特点，制订对员工普及愿景的计划。

HR 管理人员还要及时从领导层获得明确的企业发展蓝图，并根据不同

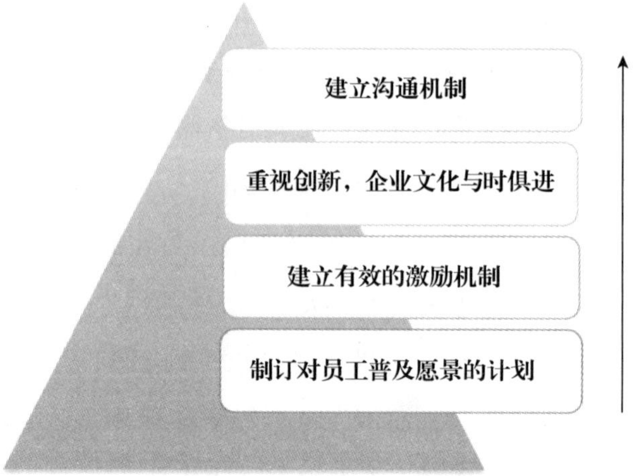

时间段、不同工作任务特点，分别向企业的高端人才、中层管理人员以及基层员工进行愿景普及，根据每个人不同需求的满足状况，分别带去不同的愿景。

面对高端人才，HR管理人员可以向他们描述较高层次的企业目标和个人目标：企业可以在若干年内成为国内乃至世界上的行业领军企业，个人则能够实现职业领域更大的成就。

面对中层管理人员，HR管理人员可以为他们展示：企业将会在未来提供更多培养和提拔机会，而他们也将因此有更多个人职位升迁的可能。

面对基层管理人员，HR管理人员可以多描述现实层面的美好景象：将来企业会有更多订单，他们则会拿到更多的工资、奖金和福利。

总之，要针对员工在企业内的层次特点，帮助他们确信，通过自己的努力，企业和自己都将发展得更好。

2. 建立有效的激励机制

在企业中，应该建立有效的激励机制。

雅戈尔集团曾经在企业内部定期进行工作满意度调查，取得了很好的效果。该集团组织员工填写问卷，并重点分析激励员工的具体方法。

从该集团的实践中能够看出：一些员工对薪酬关注较多，HR 管理人员建议企业对这些员工在薪酬上适当给予倾斜；一些员工则重视自身的成长空间，因此适当给他们更多锻炼成长的机会；还有一些员工希望能够在工作之余接受更多培训，从而提升自己的竞争力，该企业就针对他们进行了有价值的培训。

当然，在学习雅戈尔集团激励机制的同时，要注意对员工进行的有区别、有倾斜的激励应该以不影响、不妨碍企业的人事制度和发展战略为前提，同时，还要注意在实行分别激励方式的同时不能忽视营造积极公平、竞争向上的良好企业氛围。

3. 重视创新，企业文化应与时俱进

HR 管理人员必须随时观察和评估企业政策，如果其中某项政策导致了人才外流，就应该及时向领导层汇报，适当调整。如果这项政策出自于人力资源管理部门，则更应该迅速调整，形成新的管理方案。

华为集团发展初期曾经出现过人才外流现象，当时的 HR 总监对公司政策研究分析后发现，公司的提成方案和现有的盈利状况不符，迅速向任正非汇报，任正非很快安排人员对提成方案进行调整、创新，及时保证了员工的合理薪酬。

作为企业 HR 管理人员，必须随时关注行业动态，不能满足于“管理人事档案”“调解员工矛盾”，必须懂得用战略和发展的眼光看待公司现有制度和策略，一旦发现存在易引发人力资源问题的因素时，要及时上报、调整。

4. 建立沟通机制

HR 管理人员应该主导和企业员工之间的沟通，同时还应帮助部门内部形成上下和平级之间的沟通渠道。沟通往往渗透在日常工作中，HR 管理人

员必须懂得抓住一切机会，例如在部门合作项目讨论会和部门内部会议中引导员工充分表达意见，或者将他们的意见有效传达给部门领导。建立沟通网络后，HR管理人员要随时观察人员外流迹象，并迅速做出应对。

企业人才外流现象虽然不可能完全消失，但对HR管理人员来说，最有效的方法是分析人才流失的原因，并积极准备，从根源上解决问题，以保证企业稳定、高速、充满活力地发展。

【附表2】 人员补充申请表（范本1）

申请日期：　　年　　月　　日

申请部门				申请日期	需要日期	选聘日期	选聘方式	要求条件			工作内容	增补理由	领导批示
部门名称	编制人员	现有人数	增补人数					性别	年龄	资历			

（续表）

制表：　　　　　　复核：

【附表3】 人员补充申请表（范本2）

申请日期：

<table>
<tr><td colspan="2">申请部门</td><td></td><td>现有编制</td><td></td></tr>
<tr><td rowspan="8">申请增加</td><td>人数</td><td></td><td rowspan="8">增加理由、人员岗位和任务说明</td><td rowspan="8"></td></tr>
<tr><td>学历要求</td><td></td></tr>
<tr><td>专业要求</td><td></td></tr>
<tr><td>年龄要求</td><td></td></tr>
<tr><td>性别要求</td><td></td></tr>
<tr><td>身高要求</td><td></td></tr>
<tr><td>工作经验</td><td></td></tr>
<tr><td>到位时间</td><td></td></tr>
<tr><td colspan="2">人力资源部意见</td><td colspan="3"></td></tr>
<tr><td colspan="2">分管领导意见</td><td colspan="3"></td></tr>
<tr><td colspan="2">总经理意见</td><td colspan="3"></td></tr>
</table>

（续表）

相关说明	

1.4 优化人才结构的四个技巧

现代企业中，对人力资源结构进行优化是人力资源部门最重要的职责。

无论是企业的日常经营，还是转型升级的实现，都需要人力、物力、财力的保障，但关键因素在于人力的发挥。

企业只有不断对人力资源结构进行优化，提升员工队伍的创新能力，才能突破成长瓶颈，取得更长远的发展。HR管理人员在这个过程中势必要发挥更多力量。

众所周知，酒店行业招工较难，每家酒店的HR管理人员都会面临这种困难，酒店基层员工经常因为收入低而跳槽，具有经验的管理人员不是自行创业就是另谋高就，导致酒店的人才结构很不稳定。

下面来看看某酒店如何进行人力资源结构优化。

A酒店打算合理调整人力资源结构，有效地进行人力资源配置、使用和开发，从而解决人力资源结构与酒店经营管理之间的矛盾。

首先，该酒店HR总监经过多方论证和分析，建议取消部分岗位、工种，引进外来专业人才，进行专项管理。例如，他建议与汽车出租公司合作，取消酒店的客用车队和专职司机岗位；和电梯厂家指定的专业维护公司合作，取消酒店电梯维护技工岗位；与园林绿化公司合作，取消专业园林工岗位；在信息系统方面，随着远程电脑维护技术的成熟和新的软件管理系统的出现，酒店不再需要专门的电脑维护人员；和专业清洁公司合作，取消清洁工岗位；合理租用设备。通过以上措施，从而降低人力资源的使用成本。

其次，在经过对营业数据的分析之后，HR 总监发现，在计算酒店实际需要的工作人员数量时，完全可以按照满额的 90% 进行人员配备，只有在酒店开房率较高的情况下需要工作人员适当加班。这样，人员减少的同时，也提高了员工工作效率和个人收入，减少了闲置员工，降低了人工的直接费用，让酒店和员工队伍形成共赢局面。

最后，HR 总监还在岗位中选出需要进行轮班制或者计件制的岗位，并建议公司在同这些岗位的员工签订合同时，采取定量工作制或者计件工作制的形式，将工作用量化形式控制和管理。另外，他还建议公司和学校合作，利用双方资源调整人力资源结构，在旺季时，通过和相关大专院校的学生实习项目合作，将实习生作为人力资源调配的重要组成部分进行补充，从而满足酒店经营的需要。通过这样的合作，酒店还能从实习生中挑选工作积极性高、能力强的人作为储备人才，并在实习过程中培养，此举无形中降低了员工培训的时间成本。

酒店领导层很快通过了上述方案，并在管理工作中进行了合理运用，不久，酒店的人力结构得到了有效改善，在人力成本费用下降的同时，经营效率反而提升了。

在目前的市场竞争环境中，企业或多或少需要对人才结构进行调整，其中，不少企业的经营管理人才、专职技能人才相对匮乏，有两方面的原因：一方面，市场经济的发展强调细化分工，不能再继续“一人多责”；另一方面，增加岗位和员工的成本压力会让企业不堪重负。面对类似情况，进行人力结构优化工作是 HR 管理人员迫在眉睫的任务。

下面是 HR 管理人员优化人才结构的技巧。

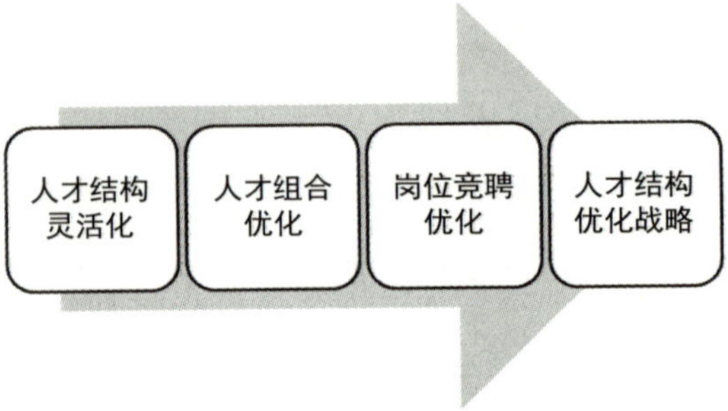

1.4.1 人才结构灵活化

目前，绝大多数工作并非一成不变，即使是生产、研发工作，也需要持续和有效的创新，而管理、营销等工作更是随处可见其灵活多变的特征，这就需要人才结构灵活化。

HR 管理人员应努力促进企业内人员配置的灵活性，防止出现某部分员工因为长期从事某项工作而变得思维僵化、工作模式化。

HR 管理人员可以建立混合劳动力机制，这种机制具有灵活性和机动性，能够创造更大的竞争优势。所谓混合劳动力，是指在企业内部应包括全职、兼职和实习生等临时招聘人员，甚至还包括为了某些特定的工作岗位职能而与之签订合同的个人或组织。混合劳动力模式使得组织能够比较容易获得专业的知识和技术人员，在人员配置上相对灵活：在需要时，能够引入这些人来扩大员工队伍；不需要时，也可以缩减或重新调配员工队伍。

1.4.2 人才组合优化

现代公司是群体性组织，是人与人结合的产物。因此，在招聘员工时，HR 管理人员要注意员工之间性格、年龄、能力等不同要素的匹配程度，选择多元化的人才进行组合，避免同质化。

公司应在同一个年龄段的员工中保持各种人才的比例，技术型人才、管理型人才、营销型人才，外向型人才、内向型人才，创新型人才、稳定型人才，都应相互搭配，在共同工作中形成支撑整个组织的“亚组织”。这些“亚组织”由于内部多元而具有充分承载力，能够履行不同责任、实现公司不同层次的目标，进而形成更高层级的优化组合形式。

1.4.3 岗位竞聘优化

在优化人才结构时，可以采取竞聘上岗的方法。这种方法主要针对管理岗位和技术岗位的人员。

如果是内部招聘，可以看作是内部的竞聘上岗，相关部门的全体职工不论职务高低、业绩大小都站到同一起跑线，重新接受选拔和任用。同时，职工本人也能够根据自身的能力特点和岗位要求提出自己的期望和要求。

下面是在企业内部进行竞聘上岗的具体流程。

（1）在企业领导层的指导和参与下，由 HR 总监负责成立竞聘工作领导组。

（2）根据竞聘岗位确定参加竞聘的部门和岗位范围。

（3）形成竞聘方案，并经过领导层的批准。

（4）将竞聘方案在企业内部公示。

（5）完成公开竞聘不同环节的工作。

（6）在企业内部公布竞聘上岗人员名单。

（7）和竞聘上岗人员签订聘用合同。

1.4.4 人才结构优化战略

企业从创立到发展，其人才结构的形成和变化应当具有统一性和战略性，不能因为短期利益随意变化。

戴尔公司的招聘战略遵循的是“最合适人才”原则，和许多传统大企业不同，戴尔以不拘一格的方式进行招聘筛选，目的是找出有经验的合适人才。戴尔不仅从应聘者中选择优秀者，还从竞争者手中挖走有经验的人才，同时留意大学毕业生，也鼓励企业内部员工推荐合适人才，例如，凯文罗·林斯就是戴尔本人在合作之后发现并邀请加入的高级管理人才。

为了将人才结构优化工作变成整体战略，HR管理人员不妨从下面几个角度加以推进，让人才结构优化成为基础性、长远性、全局性的工作。

1. 人才学科结构优化

企业的生产经营一般包括研究开发、原材料采购、生产、销售、售后服务以及管理工作等，HR管理人员可以根据学科和专业特长的不同，将这些人才结合在一起，形成互补型、创新型的员工队伍。

2. 人才层次结构优化

人才结构的优化还可以从层次角度出发。可以将企业人才库分为高层管理者、中层管理者和基层管理者，并不断为每个层次配备人员。一般来说，高层管理者需要战略型人才，中层管理者需要专业化人才，基层管理者需要操作管理型人才。

3. 人才职能结构优化

人才职能结构优化主要是指HR管理人员应该具体分析企业内部的不同岗位和职能，然后对应配备不同的专业人才，合理安排到企业所需要的岗位上。

4. 人才年龄结构优化

在企业人才结构优化过程中，离不开对员工年龄的调整和搭配。可以从不同部门的需要和现状进一步确定员工年龄，例如，在需要更多从业经验的部门安排年龄较大的员工；在需要更多创新精神的部门安排年龄较小的员工。

人才结构优化最重要的原则是建设优势互补、层次合理的员工队伍，只有打造出这样的人才结构，其整体功能才能远远超过个体的能力，这也是企业人力资源管理之路走向成功的重要保障。

第 2 章
招聘人才，做好企业人才的管家

- 如何做好招聘准备
- 如何做好招聘计划
- 如何把握招聘机遇
- 选择招聘渠道，寻找合适人才
- 如何做好员工甄选
- 面试策略及考查标准
- 如何评估招聘风险
- 居安思危，为企业储备人才
- 薪酬谈判技巧
- 面试时让每位应聘者感受到温暖

2.1 如何做好招聘准备

招聘是指人力资源部门在企业总体发展战略规划下，根据企业现有的职位空缺，寻找合适的人员来填补该空缺。如果从操作层面来看，招聘活动的目的首先是吸引相关人员，其次是从中挑选合适的人员。成功完成这些活动的前提在于人员的对应性、数量的准确性。

通过招聘，企业能够吸纳到优秀的人力资源，并改善人员的流动，从这个意义上来看，招聘工作对企业的成长与发展相当重要。此外，招聘工作还能够成为企业对外宣传的有效途径，在招聘过程中，HR管理人员可以协助每个部门发布自身的基本情况、发展方向、政策概括、企业文化和产品特征等，这些都有助于提升企业形象，让更多人了解企业，并帮助企业营造良好的发展环境。

正因为招聘有如此意义，HR管理人员制订的招聘计划必须符合企业现实情况。在许多杰出的企业中，招聘计划的特点来源于企业文化，决定着企业的未来。

作为国际著名的快递公司，联邦快递并非完全看重求职者的学历，在招聘流程中，也不将这些因素放在甄选员工的第一位，而是首先测试求职者的性格是否适合快递工作。尤其在招聘一线员工时，联邦快递会通过自己的流程和方法，考察对方是否具备吃苦耐劳的精神，能否接受高强度压力的挑战。公司认为，只有具备这些素质的人才会不遗余力向客户提供良好的服务，公司才能放心赋予他们工作的权力。

与联邦快递不同，花旗银行的招聘讲究“出身”，花旗银行每年招聘的范围都是全美一流的大学，哈佛、麻省理工和普林斯顿金融专业的硕士生、MBA等都受到花旗银行的重视。花旗中国的招聘目标也确定在高端的毕业生群体，包括北京大学、清华大学、复旦大学、中欧国际商学院等院校。花旗银行追求的是优秀、高端人才，他们必须非常聪明、学习能力很强，而且对金融工作有浓厚兴趣与强烈追求。花旗银行相信，拥有名校背景虽然并不能保证对方是合适的人才，但起码能在很大程度上说明应聘者的能力和潜力，反之，如果从茫茫人海中漫无目标地挖掘可能的合适者，成本太高。

HR 管理人员应该如何打造出既符合企业现实和未来需要，又具有实际操作价值的招聘计划呢？

准备计划是指制订为招聘工作打基础的相关工作计划，包括业务发展计划和部门用人计划。

1. 业务发展计划

业务发展计划是相关业务部门针对企业在一定时期内的发展所做的工作计划，包括企业的战略目标或长远规划。

下面是业务发展计划的常见类型。

类　型	内　容
销售业务发展计划	包括市场开发计划、市场渗透计划、市场缩小计划、销售计划等
产品业务发展计划	包括产品开发计划、产品生产计划
人员发展计划	包括人员素质发展、人员结构发展和人员数量发展计划

业务发展计划能够在很大程度上影响招聘计划，决定了招聘计划最终需要多少员工、需要什么样的员工，决定了招聘广告的发布平台，关系到招聘费用的预算，同时也决定了企业选择怎样的招聘渠道和方法。

2. 部门用人计划

业务发展计划是战略性的、概括性的，而企业实际业务发展最终还是要由相关业务部门来执行，这需要 HR 管理人员从各个部门搜集用人计划，这些用人计划中包括用人原因、岗位职责、任职要求、招聘形式、到岗时间、人员数量、薪酬福利等。HR 管理人员可以将用人计划申请表提供给部门，要求他们完善并反馈。

【附表4】 部门年度用人计划申请表

_______年度用人计划申请表

部门名称：　　　　时间：

<table>
<tr><td>职位</td><td></td><td>是否新增职位</td><td></td><td>现有人数</td><td></td><td>预算人数</td><td></td><td>拟招人数</td><td></td></tr>
<tr><td>现有人员分析</td><td colspan="9"></td></tr>
<tr><td>拟补充人员的理由和工作职责</td><td colspan="9"></td></tr>
<tr><td rowspan="2">素质要求</td><td>专业</td><td></td><td>学历</td><td></td><td>外语</td><td></td><td>工作经验</td><td colspan="2"></td></tr>
<tr><td>其他要求</td><td colspan="8"></td></tr>
<tr><td></td><td>上年度总人数</td><td></td><td>本年度总人数</td><td></td><td>拟招聘人数</td><td></td><td>年度预计总人数</td><td colspan="2"></td></tr>
</table>

2.2 如何做好招聘计划

针对公司所需要的人才，制订不同人才的招聘计划，通常每年度需要形成一个具体方案，内容包括:需要的人才数量、等待考查的内部员工数量、确定必须从外界招聘的数量、确定招聘方式和来源等。

人力资源结构的规划与调整是否成功，很大程度上影响企业的招聘结果。为此，HR 管理人员必须制订全面的招聘计划，这也是开展招聘工作必要的准备步骤。

凡事预则立，有了招聘计划，招聘工作才能有清楚的头绪，并按照既定的步骤流程一步步实现目标。

2.2.1 了解实际情况

“知己知彼、百战不殆”，HR 管理人员想要帮助企业拥有更好的人力资源结构，就要先深入了解企业的实际情况，再开始行动。

在接到撰写招聘计划书的任务之前，先不要急于凭空设想，而是应该收集以下信息，从而做好准备工作。

1. 企业本年度信息

（1）本年度企业人员的数量和结构。

（2）本年度各月份、各层级的人员流失情况。

（3）本年度不同岗位新进人员的招聘渠道使用情况和效果评估。

（4）本年度招聘费用和成本。

（5）本年度进行过的计划外招聘人员数量和类别。

2. 企业下年度信息

（1）下年度预期的新项目开展时间和进度安排，预期的人员到岗时间和数量。

（2）下年度需要招聘的岗位及相关说明、招聘渠道的选择。

（3）下年度预期的人员流失情况。

（4）下年度招聘的关键时间点。

2.2.2 确定招聘人数

了解了基本情况之后，HR管理人员就可以从组织结构、职级配置、项目进度等多方面出发，测算并确定招聘所需的各阶段人员总数，可以用表格形式统计和展示。

下表列出了某公司两年的高管招聘人数目标。

	部 门	职 位	职 级	人 数
2015	市场部	总监	总监级	1
2016	研发部	副经理	经理级	3

当然，虽然人数目标以表格的形式能够清楚地体现出来，但看似简单的数字，需要管理者进行准确、统筹的计算。

下面是四种可以考虑的计算方法。

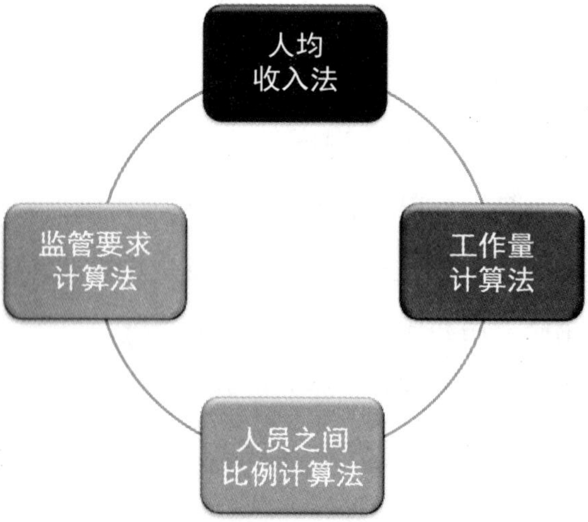

1. 人均收入法

可以根据企业销售收入和人均收入的方法，对需求员工数量进行计算。其中销售收入可以从经营预算中直接提取，人均收入则可以根据行业平均状况确定基本的定位水平。

2. 工作量计算法或设施计算法

以工作量总量或者相关机器设备进行计算，例如，通过统计需要完成的研发项目数字、操作维护的设备、线路或者管理的面积和人数，最终计算出需要增加的招聘人数。

3. 人员之间比例计算法

可以按照不同专业岗位之间应有的固定比例计算招聘人数。例如，某企业按照 50:1 的比例配置后勤管理人员。

4. 监管要求计算法

对于一些比较特殊的招聘，如涉及安全、质量等方面的职位招聘，企业应该按照政府提出的监管要求，配置规定数量的专职人员。

例如，某建筑企业按照安全管理法规，招聘并配置建筑工地上的专职安全管理人员。

当然，对招聘人员数量的确定不必拘泥于上述某一种方法，在实践中，可以综合上述各种方法，利用不同来源的支持数据形成招聘数量的最终方案，并获得公司领导层的批准。

需要补充说明的是，为了确保万无一失，目前几乎所有的招聘计划在关于招聘数量的内容上，都会备注一条特别说明：公司将会按照实际经营需要，逐步招聘，配置到位。有这样的说明，就让招聘数量有了相对灵活的空间。

【附表5】 年度人员需求估算表

年　　单位：　　人

项目 级别		学历				到位月份												需求 原因
		硕士	本科	大专	其他	1	2	3	4	5	6	7	8	9	10	11	12	
主管人员	高层																	
	中层																	
	基层																	
	小计																	
技术人员	高工																	
	工程师																	
	助工																	
	技术员																	
	小计																	
工人	机工																	
	电工																	
	小计																	
其他人员																		
合计																		

制表：　　　　　　复核：

2.2.3 确定招聘时间、地点和渠道

在招聘计划中，HR 管理人员还需要结合实际需要，提前规划招聘时间、地点和渠道。

招聘时段上，应该由 HR 管理人员根据前述的分析结果，明确何时进行招聘，并安排好时间、日程。

招聘地点上，HR 管理人员根据不同部门、不同员工的需求，灵活设置招聘地点。例如，企业在招聘后备干部时，可以将高等院校内的教室、会议室设定为招聘地点；如果招聘的是生产操作人员，就可以直接将企业的生产车间现场作为招聘地点。

招聘渠道的确定，很大程度上决定了能否获得足够高质量、多数量的应聘人员基数，基数越大，招聘成功的可能性就越大。

2.2.4 组建招聘团队

即使是规模很小的招聘，也不可能只是人力资源部门的事情。在招聘计划中，人力资源部门负责的主要工作是对应聘者的基本素质、资料情况进行考查，从整体上为具体用人部门把好招聘第一关，而用人部门则负责对应聘者知识、能力、经验等进行全面考核。另外，为了确保某些特殊招聘工作的有效性，HR 管理人员还应该考虑向上级提出申请，从外部聘请相关专家参与。

在选择招聘团队的参与者时，一般要根据招聘岗位来确定，例如，招聘技术人员，应该有专业人士参与，招聘中高层领导，则要邀请企业高管进入招聘团队。

从原则上来看，在组建招聘团队时，需要从下面四个方面考虑招聘人员的组合。

（1）能力互补。在招聘团队成员中，一些人应该擅长生产管理，另一些人擅长行政管理，这样才能全面审核考查申请不同职位的应聘者。

（2）知识互补。如果是规模比较大的招聘，HR管理人员应该选择不同知识背景的人员进入招聘小组，这样不但提高了整体知识水平，完善了知识结构，而且能根据实际情况从多方面考评应聘人员。

（3）年龄结构。在挑选招聘人员时，要注意年龄结构的完整度，年龄偏大的人较为稳重、富有经验，年轻的招聘考官通常更有活力，同时能够更快地接受新鲜事物。因此，将两者有机结合能产生更好的招聘效果。

（4）性别比例。从招聘实践来看，女性招聘者能够关注到更多细节，并以此出发来考察应聘者，而男性招聘者更多地从整体上衡量。将两者结合起来，能够更准确、全面地发挥招聘方的优势。

部门主管人员要列出招聘岗位的职责要求，协助HR管理人员进行工作分析；说明需招聘雇员的类型和要求；描述工作对雇员素质的要求，以便HR管理人员设计出具体的测试方案；同候选雇员面谈，做出最后决定。

HR管理人员要编写工作描述和说明书；制订雇员的人事晋升计划；开发潜招聘来源和渠道，吸纳高质量的求职者；对候选雇员进行专门的初试和筛选，并推荐给部门主管人员。

招聘计划制订后，招聘进入实施阶段，HR管理人员应该始终掌控计划的推进程度，确保招聘团队明确招聘目的和原则，一旦出现问题，马上进行调整和汇报，这样招聘计划将发挥应有的作用。

2.2.5 预算招聘经费

招聘是企业日常生产经营活动中不可缺少的环节，势必会产生相应的费用成本。在做招聘计划时，需要对经费清楚规划，避免因为预算混乱导致某一环节过多浪费和占用资金，同时也避免因为经费预算不足而影响招聘工作顺利进行。

预算经费时，首先要计算招聘成本，包括广告费用、宣传资料费用、场地费用、通信和交通费用等。其次要计算选拔成本，主要是对应聘人员进行甄选、考核和录用所需花费的成本。还要计算录用成本，即完成应聘人员的面试甄选后，从通知对方到岗到对方入职成功需要花费的成本，例如入职费用、安家费用或各种补贴。

【附表6】 招聘费用预算表

招聘时间：
招聘地点：
负责部门：
具体负责人：

序号	项　目	预算金额（元）
1	招聘宣传海报及广告制作费	
2	招聘场地租用费	
3	会议室租用费	
4	交通费	
5	食宿费	
6	招聘资料复印打印费	
合　计		
预算审核人：（签字）		公司主管领导：（审批）

在确定上述五方面的规划之后，HR 管理人员将招聘计划提交给部门主管，得到反馈后应对人员需求量、经费等重点项目严格复查，最后由 HR 经理签署意见交给企业上级主管领导审批。

招聘计划是整个招聘过程的主要依据，通过制订招聘计划让招聘更加合理、科学，也能够让所有参与者谨慎细致、全面科学地看待招聘工作，帮助企业获得优秀的人力资源。

【附表7】 人力资源部招聘计划

年　　月　　日

需要补充人员			所需条件	招聘方式	人数	招聘日期
类别		工作内容				
高层主管						
技术人员						
中层管理人员						
基层职员						

（续表）

技术工人						
其他						

制表：　　　　　　　　　　复核：

2.3 如何把握招聘机遇

在诸多招聘时间窗口中，节后招聘和校园招聘可谓“黄金”时间点，围绕这两个时间点，HR 管理人员进行的招聘工作是否充分，决定了企业普通员工队伍的数量和质量，因此，抓好节后招聘和校园招聘，做好细节工作，才能达到不同的效果。

2.3.1 节后招聘

所谓节后招聘，主要是指春节后招聘，春节是中华民族的传统节日，也是人才流动的高峰期，通常每年 2 月的最后一周，各企业新一年的人力资源管理工作都会全面展开，节后招聘工作也随之展开。

在节后招聘工作中，要明确采取何种形式进行招聘、怎样发掘和选择招聘的源头等，从而确保节后招聘有充分的效果。下面是一些相关技巧。

1. 提早做好准备

人力资源管理部门在年前就应开始准备工作，这是因为年后的工作节奏很快、事务繁杂，如果匆忙开始准备，很难达到理想效果。在年前做好各项招聘准备工作，包括招聘需求汇总、招聘计划拟定、招聘渠道的明确和预订、招聘广告和宣传资料的准备、面试方式和流程计划等，提早准备，就能做到新年一开始招聘工作也就随之开始，确保节奏始终保持在正确的轨道上。

2. 节后招聘要有不同方式

在进行节后招聘时，要有不同于常规招聘的方式，可以采取一些非常规方式，对准备充分、条件许可的企业来说，可以由HR经理牵头组织一个专门的春节后招聘小组，将节后招聘工作作为重点项目推进。

例如，由员工每天汇报工作进程、每天召开人力资源部门会议进行讨论，进行总结和反馈。一旦发现其中存在细节问题或效果不明显，就由HR管理人员组织具体人员，及时采取措施进行调整，迅速解决问题，从而确保招聘的总体效果。

3. 注意招聘过程中的细节管理和灵活变通

节后招聘有其特殊性，企业大都面临较大的人才缺口，在这种情况下，只要能够保证招人用人的原则底线和岗位基本要求，具备完整的面试流程和方式，挑选人才可以适当灵活，并非必须找到优秀员工，可以根据实际情况适当放宽标准。

2.3.2 校园招聘

来看看壳牌集团在中国的校园招聘整体流程。

作为一家大型跨国企业，壳牌对高校招聘非常重视，每年毕业期间都是壳牌的校招机遇，为此，他们制订了非常系统的流程、详细的招聘规划。

每年 2 月左右，壳牌确定招聘目标，根据公司人力资源规划，对职位配置进行需求分析，确定目标职位相关信息，以职位说明书作为招聘依据；7 月和 8 月，由人力资源部和不同部门协调确定需要招聘的人数、职位，以及这些新员工的工作地点和入职时间，另外，招聘团队的人员准备和资料准备也会在此时基本确定并安排妥当。

11 月，壳牌集团人力资源部门开始选择知名的高等院校，开展校园宣讲会，从而扩大公司影响力，并以这样的形式吸引优秀毕业生投递申请表。每次宣讲会结束后，壳牌集团的人力资源部门会利用系统的筛选软件，从中挑选出符合条件的简历。

12 月，人力资源部门会进一步对应聘者的个人信息加以确认，并考察他们看待不同问题的深度和广度，根据其答案所体现的分析能力，确定是否将他们进一步推荐到面试中心。

在推荐结束之后，壳牌人力资源部门组织的面试正式开展，在为期 5 天的面试中，将会对毕业生进行多方位测试，从而综合考察他们的领导潜质，并向应聘者及时反馈，从而确保优秀人才能够顺利入职。

在上述流程中，壳牌严格把关校园招聘渠道、简历筛选、结构面试和评价中心四大核心环节，凸显校园招聘的优势，有效保证获得优秀且具有领导潜质的毕业生加入。

壳牌公司多年来积极参与校园招聘，从中招揽了大批人才。对中小企业而言，校园招聘也同样是优化人力资源的不二法门。但许多 HR 管理人员离开学校已经很多年，不知道怎样启动校园招聘，也有的人虽然做过校园招聘，却经验不足，无法达到应有的效果。下面介绍一些基本的注意事项和应用技巧。

1. 准备阶段

在校招前期，需要做大量的准备工作，包括和各大院校学生就业负责人沟通，协商安排招聘的时间与地点;熟悉学校附近环境，确定居住的宾馆，并检查招聘物品是否齐整。另外，还要召开前期准备会议，将不同的资料合理安排给不同人员来分配、搜集。

2. 实施阶段

提前一天到达招聘所在地校园附近，入住宾馆，并进行以下工作。

（1）立即和该学校就业负责人联系，再次确认相关事项。

（2）请学校在招聘前一天更新相关招聘信息，例如将企业信息在学校网站招聘页面置顶。

（3）会场布置，包括悬挂张贴横幅、海报，在学生宿舍、食堂等位置张贴公告告知学生招聘的时间和地点，安排好填表位置以及其他工作。

3. 宣讲阶段

宣讲阶段可以说是最具有校园招聘气氛的阶段，也是决定招聘成功与否的重要因素。

壳牌公司正是利用校园宣讲会来开发和维护校园渠道，在校园宣讲会上，壳牌公司会准备精美的宣传手册，组织在职员工现身说法，高层职业经理人激情演说，向应届毕业生介绍公司整体情况、招聘计划和应聘须知等，不仅吸引了大量优秀学生的注意力，也显著增加了壳牌公司在未来各行业人才群体中的知名度和影响力。

宣讲者不仅要有出色的口才，还要非常熟悉本企业，并注意以下事项。

（1）在入场前，向学生发放宣传册、播放宣传片、传阅企业内刊，同时，可以适当进行私下互动，了解一些应聘者的专业信息。

（2）在宣讲时要做到自然、大方，事先要充分了解好 PPT 材料和视频，在宣讲过程中，既要说清楚企业的实际情况，也要主动向学生介绍薪资发展、事业发展、成长空间、工作条件等问题。

（3）宣讲结束后，应该安排一点儿时间来解答学生的提问，应该将可能出现的问题列出来，并有所准备。在回答过程中，应该注意语气和答复的技巧，并在回答时面带笑容，打造良好的企业形象。

随着宣讲结束，校园招聘活动就进入了填表、收集材料和之后的笔试、面试阶段，后续工作和普通的招聘活动基本相同。

无论是节后招聘还是校园招聘，都是企业招聘工作不可忽视的内容，对待这两项工作，既要看到它们的共性，也要看到它们的不同之处，确保企业能够从中受益。

2.4 选择招聘渠道，寻找合适人才

招聘是为了填补企业内部不同的职位空缺，这种填补行为从渠道源头加以分析，不外乎两种：内部选拔或外部招聘。内部选拔能够更好地保持现有的企业文化，外部招聘则能够更好地对组织文化加以改善或者重塑。

不同的招聘渠道对不同环境、不同阶段的企业有着不同的影响，包括企业的战略发展要求、职位要求和招聘预算，以及人力资源的需求状况等，同时，还需要进一步结合部门和应聘者的实际情况来决定。

招聘渠道完全可以充分整合，让内外渠道合二为一，目的是将渠道的优势发挥到最大，或者相互弥补不足。

英特尔公司有很多招聘渠道，其中既有传统渠道，例如普通公开招聘、校园招聘和猎头公司招聘，也有新拓展的网络渠道，在这样的渠道中，求职者通过公司网页就能够随时获知企业有哪些空缺职位，并且通过网络直接向英特尔公司发送简历。当英特尔公司挑选到合适的简历之后，求职者就有机会接到面试通知。

另一种特殊渠道则是员工推荐，因为内部员工对英特尔公司已经非常

熟悉，同时对朋友的情况也相当了解，所以员工能够自行做出判断，确定推荐某位朋友进入英特尔公司是否恰当。这样的渠道，往往比只有两个小时的面试更加有效，为此，英特尔公司经常鼓励员工推荐优秀人才，如果他们推荐的人很优秀，还能获得公司的奖金。

由于存在种种差异，美国通用电气公司和思科公司选择了截然相反的招聘渠道。

通用电气中80%的中高层管理者是通过内部招聘选拔产生的，这些中高层管理者从这样的渠道走过，并度过了几乎全部职业生涯。通用电气HR经理科拉迪对此解释说："除非迫不得已，我们并不想依赖外来者。"与此相反，思科则更倾向于从外部招纳管理层成员，总裁兼CEO钱伯斯表示，思科有将近50%的管理者是通过外部招聘的，因为从人才选择的源头和战略发展的角度考虑，当外部人才进入企业组织之后，能够更大地激发组织创新灵感。

参照这些企业的成功经验，中小企业更需结合实际，选择正确的招聘渠道。

2.4.1 定位招聘渠道

人力资源部门应该明确如何确定内部渠道还是外部渠道，在总体上，这两大渠道体现出如下不同特点。

渠　道	优　势	弊　端
内部招聘	提升员工士气 准确挖掘员工潜能 降低招聘风险和成本 调动员工积极性	容易出现集体的习惯性思维和行为，导致组织缺乏活力 未能成功提升的人士气低落 容易引起内部派系斗争或"近亲繁衍" 挑选范围受到组织大小限制
外部招聘	能吸收新鲜血液 方便快捷 一定程度上可以缓解内部矛盾，同时提升工作积极性	有可能带来组织文化被冲淡甚至改变的风险 可能挑选错误的人员进入组织 新员工有可能需要较长的时间才能适应

对中小企业的招聘工作来说，更现实的方法是采取内外部相结合的办法，具体偏向哪个方面，应该结合下面的原则来确定。

1. 当外部环境变化较为剧烈时，企业应采取内外结合的渠道

当市场环境剧烈变化时，行业的竞争态势或技术基础在发生根本性变化，抑或产品更替周期缩短，原有的模式已经成为传统企业创新的包袱，在这种情况下，企业内部缺乏升级更替所需的专业人才，也没有充足时间培养，必须采取内外招聘结合的渠道定位。

2. 企业迅速成长期，应倾向于外部招聘

当企业在迅速成长时，由于发展速度较快，如果只是依靠内部选拔和培养，难以跟上现实需要。同时，由于企业人员规模的限制，缺乏选择余地，难以得到最佳人选，在这种情况下，HR 管理人员必须当机立断，开拓广泛的外部渠道，吸引和接收更多人才。

3. 高管人才应更多遵循内部招聘原则

任何企业的发展都离不开高级管理人才队伍，尤其是企业发展到一定程度后，有怎样的高管人才几乎决定了企业未来的命运走向。HR 管理人员在面对高管人才的招聘问题时，应保持清醒的头脑，建议企业高层更多遵循内部优选招聘的原则。

一方面，由于长期在企业内部服务，高管人才对企业的文化和价值观念有了相当的认同，而这一点是外部招聘难以达到的。另一方面，企业的高层管理团队和技术骨干力量，都是始终以团队方式工作，他们也熟悉了工作流程与方式，经过内部招聘后可以迅速进入角色。

4. 对现有文化的态度决定内外渠道

在决定内外渠道偏重程度之前，HR 管理人员还应该深刻把握领导层对现有企业文化的态度。

如果企业想要改善或者重塑文化，HR 管理人员就应该主张多从外部招

聘，让新来的员工带入不同的思想和观念，冲击企业原有的文化因素。反之，如果企业想要保持原有文化的强势，就应该着重从内部招聘选拔，因为内部员工更加认同原有文化。

在正确处理内外渠道的选择倾向问题之后，可以从具体的内外招聘渠道入手。

2.4.2 内部招聘

内部招聘的途径包括内部提升、调动、工作轮换、返聘和员工推荐等。

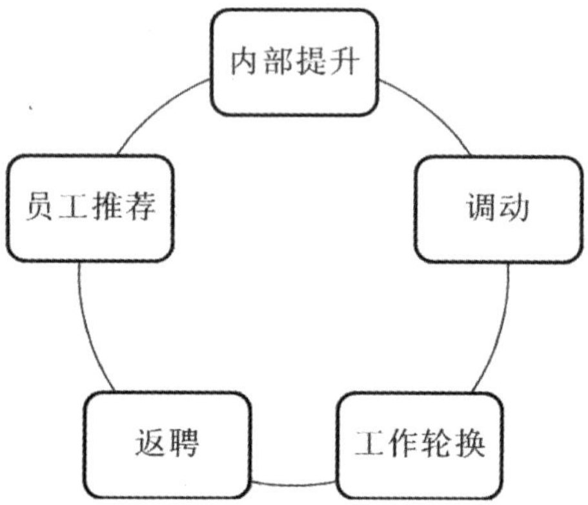

1. 内部提升

通过提升现有员工填补高于原级别职位的空缺，激发员工的工作激情。

2. 调动

直接在平级岗位上对员工的工作进行调换，为将来的提升做准备。

3. 工作轮换

在工作岗位上暂时变动，主要发生在实习或者培训阶段，让员工能够广泛深入地了解不同部门或岗位的工作。

4. 返聘

企业可以邀请已经退休或等待就业的员工重新回到企业工作，由于这些人比较熟悉工作内容，因此不需要经过培训就能够重新适应。

5. 员工推荐

正如英特尔公司所选择的那样，企业可以通过员工的人际关系网络打造独有的招聘渠道，有计划、阶段性地加以使用。

2.4.3 外部招聘

外部招聘可以按照渠道分为广告招聘、中介机构招聘、招聘会招聘、校园招聘、互联网招聘等形式。

通过下面的表格可以了解外部招聘不同渠道的各自特点，并准确选择和定位。

<table>
<tr><th colspan="2">途　径</th><th>优　势</th><th>弊　端</th></tr>
<tr><td colspan="2">广告招聘</td><td>覆盖面较广、能够起到宣传作用</td><td>成本高、缺乏针对性</td></tr>
<tr><td rowspan="2">中介机构招聘</td><td>人才市场等</td><td>时间快、成本低、申请者多、挑选范围大</td><td>缺乏专业性、参加招聘者素质参差不齐</td></tr>
<tr><td>猎头公司</td><td>适合招聘高端人才</td><td>成本较高、时间可能较长</td></tr>
<tr><td colspan="2">招聘会招聘</td><td>直接面对、效率高</td><td>时间短，但难以保证质量</td></tr>
<tr><td colspan="2">校园招聘</td><td>适用于补充后备力量和专业技术人才</td><td>招聘对象欠缺经验、流失率高</td></tr>
<tr><td colspan="2">互联网招聘</td><td>信息量大、传播范围广、时效性强</td><td>难以直接获知对方信息</td></tr>
</table>

企业需要根据不同情况选择表中的招聘渠道，整体而言，无论采取何种招聘渠道，HR 管理人员既要积极了解同行业的聘用环境和情况，也要了解自身需要，包括企业希望解决哪些工作岗位的需要、这些工作岗位需要怎样的接替速度、工作地理位置，以及通过各种招聘渠道所获得的新员工怎样合理搭配等。

2.5 如何做好员工甄选

当紧张忙碌的招聘现场工作结束后，HR管理人员面对的是大量的简历和试卷。面对如此庞杂的资料，必须懂得如何初次甄选，保证进入面试的人员真正符合企业要求。

员工甄选是对应聘者在资格、能力和品德等各方面进行综合审查的统称，一般程序包括对工作申请表的筛选、对简历的筛选、通过笔试和面试筛选等，并做出是否录用员工的初步决定。

根据现代人力资源专家的调查研究，在同一类型岗位上，优秀员工比起普通员工，其工作效率高三倍以上，这意味着，如果甄选工作到位，HR管理人员为企业组建的员工队伍可以创造数倍的价值。由此可见，甄选环节对招聘工作有相当重要的意义。

成熟企业筛选简历和笔试，有一套相当规范的体系。

壳牌集团的面试申请表设计体现了筛选的严格和正规，申请表突出了申请者在重要领域的能力和特长，包括教育背景中的毕业院校、学业成绩、社团活动和职责等，主要考察毕业生的学业水平和实践活动，从而利于初步筛选出具有较高潜质的人群。在申请表中还设有针对人才的分析能力、人际关系能力和成就能力设计的问题，突出了素质考核的重点。

宝洁公司的笔试甄选也相当具有借鉴性。

宝洁公司的笔试主要包括三个部分，分别是专业技能测试、英文测试和解决困难能力的测试。其中，专业技能测试主要适用于对专业技能要求比较高的岗位，例如研发部岗位；英文能力测试和普通外企没有太大差别，主要用来考查普通应聘者的英文能力；解决困难能力的测试则是宝洁公司为甄选应聘者特别设置的，也是区分应聘者深层次能力的专用工具。

解决困难能力的测试主要用来衡量一个人学习新知识和完成新工作的能力，通过这种测试的甄选，能够准确地体现其语言能力、计算能力、感知能力、空间能力和逻辑思考能力是否符合工作要求。例如，逻辑思考能力将直接决定员工学习能力的发展程度，因此，宝洁公司会对其数理逻辑、图形逻辑和概念逻辑能力加以评估，以此保证进入宝洁的新人都能快速学习，并得以迅速成长。

2.5.1 筛选申请表

工作申请表和简历有所不同，其制作主体是人力资源部门，通过应聘者填写的工作申请表可以加快筛选速度。同时，通过填写申请表，应聘者也能进行自我审视，判断自身是否符合申请表中所要求达到的条件，提升整个招聘工作的效率。

工作申请表中应包括求职者的个人基本情况、受教育情况和培训经历、工作经历、与所申请岗位相关的背景、工作特殊要求以及其他相关信息。

（1）个人基本情况：包括姓名、性别、通信地址、电话号码、电邮、身高、体重、健康状况、家庭情况、婚姻情况、自律情况等。

（2）背景信息：包括申请何种岗位、期望薪酬、何时能够到岗、为何愿意进入公司等。

（3）教育经历：包括教育机构名称、学位情况、专业证明或学历证明、受过何种特殊培训或实习经历（包括时间、地点和证明人）。

（4）工作经历：包括过去供职的企业名称、类型、联系方式，过去担任的岗位和职责，就职时间，主管姓名和职位、联系方式，工资等级，离职原因。

（5）特殊要求：如个人技术特长，能否接受加班或出差。

上述情况并不需要全部列入工作申请表，可结合具体岗位，有条件地将之充分体现在表格中，从而起到引导和规范应聘者的作用。应聘者填写完申请表并上交后，就可以对其中信息进行分析。

根据工作申请表筛选包括以下几个方面。

（1）根据申请表情况，准确判断应聘者的求职态度。态度比较端正的应聘者通常都会认真完成申请表，包括完整填写内容、字迹工整等，如果发现申请表内容填写不完整或字迹模糊，则应该选择剔除。

（2）通过申请表，对应聘者工作经历进行筛选。在审查申请表时，应该重点对应聘者以往的工作经历加以审查，包括其担任的职务、具备的技能、拥有的基本知识等，如果申请表体现出应聘者频繁跳槽，则可以视情况不予通过。

（3）如果需要对工作申请表中的信息量化分析，可以选择加权分析法。

①对工作申请表中填写的各项因素进行分析。

②依据这些因素的重要顺序，对其赋予不同的权重，权重的具体比例可以由过去的统计资料确定，也可以由行业内的权威机构提供。

③对每张申请表中的各项因素打分，汇总之后得到每个应聘者的个人分数。最后，将同一岗位所有应聘者的分数排名，作为筛选的重要标准。

（4）在阅读和审查申请表时，要及时发现其中的可疑之处，对其中不明确的地方应加以标注，可以留待下一步筛选核实，或者在面试阶段核对。

2.5.2 筛选个人简历

个人简历是应聘者自己准备的简要文字介绍，其中包括应聘者个人经历、受教育情况、技能特长等。简历和申请表结合，构成了企业招聘过程中对人才进行筛选的第一道关口，大多数 HR 管理人员在招聘工作中会先通过应聘者个人简历做出初步判断，将应聘群体缩小。

1. 认真审查简历内容

个人简历大都包含两部分，即主观内容和客观内容。HR 管理人员在对简历进行筛选时，应该集中了解客观内容，包括个人信息、受教育情况、工作经历、工作业绩等，并根据这些内容确定应聘者是否有资格进入面试阶段。

2. 分析简历的结构

应聘者能否设计好个人简历的结构，体现出他们的组织、沟通和表达能力，对于篇幅过长或过短的简历可以考虑剔除，篇幅在两页 A4 纸左右的简历，并且具备良好的层次感、准确的逻辑性，可以考虑进入面试环节。

3. 判断应聘者的技能和经验

观察应聘者在简历中所表述的个人专业技能和工作经验是否与其所应聘的职位相关联。如果无法看出联系，说明应聘者对自身特点或职位性质都缺乏了解。

4. 条理性和严谨性

一些应聘者为了通过筛选，取得面试的机会，经常会用“基本”“原则上”这样的模糊字眼来回避问题，或者用曾获多少奖励来证明自己的优秀，另一些应聘者喜欢列举在著名企业的任职经历，却不提具体职位。对于这些情况，HR 管理人员必须站在对企业和对方负责的高度，通过简历的条理性和严谨性进行筛选。

5. 细节矛盾

有经验的 HR 管理人员还会注意到简历中存在的空白时间、前后矛盾之处，这些问题可能是应聘者的笔误，也有可能是他们想要掩盖或者回避某些事实故意为之。当然，即使出现这些不妥之处，也不应该盲目下结论，可以在面试时进一步提问。

2.5.3 笔试甄选步骤

笔试测试内容涵盖广泛，包括心理测试、人格测试、能力倾向测试和岗位知识测试等，企业可以根据不同岗位的需要，组织测试内容。

通常来说，笔试有两大步骤。

1. 命题

命题是否得当直接影响笔试甄选效果。在招聘管理人员、研发人员时，建议选择论文式的笔试题目，在招聘普通员工时，可以选择测验式的笔试题目。

在命题难度上应该保持适中，过难或过易都不利于笔试的甄选效果。

在测试之前就制定出标准答案，要确保答案真实客观。另外，在分配不同考题的分值时，也要注意将分值和考核内容相互联系。

2. 阅卷与复核

阅卷与复核的关键在于客观、公平、公正。HR管理人员应监督考核组对阅卷工作保密。复核分数的过程中，测试人员也应该认真对待，严格按照规定程序办事，防止发生作弊现象。

通过甄选有效集中企业招聘对象，并推进到下一招聘环节——面试。

2.6 面试策略及考查标准

面试是HR管理人员带领的招聘组和应聘候选人之间的第一次正式接触。

传统意义上，这样的接触是由应聘者向公司展示自己的过程，由于双方地位不平等，掌握的信息也不对称，应聘者实际上是弱势方。但在互联网时代，信息不对称的情况逐渐被打破，双方的地位也趋于平等。为了适应这种新情况，HR管理人员必须掌握正确的面试和考查标准。

在宝洁公司的面试中，“充分了解、双向选择”是基本原则，HR 管理人员并非单纯地对应聘者进行考核，而是通过语言与行为上的平等沟通、交流，既让应聘者更好地了解企业，也准确地对其能力特点加以识别和甄选。

宝洁公司共有两轮面试。第一轮是初试，主要由考官进行一对一的面试，时间通常为 30 ~ 45 分钟；第二轮是最终的甄选，用更加细致和严谨的态度筛选，这一环节的面试官共有 3 位，面试时间也更长。

在面试中，为了确保人才符合公司需要，并非只由人力资源部门负责，不同部门的高层经理也都参与面试。

为了保证面试结果的科学有效，参与面试的人员需要由人力资源部门组织培训，从而熟悉面试套路和评价标准，包括如何有效提问、根据评价标准打分、观察细节、平衡各种因素等。此外，宝洁公司 HR 管理人员还要求面试官以自然的态度对待面试者，从而让他们真实地展示自己，并感受到今后工作的情境。

面试中，面试官会向应聘者提供更多细节，包括工作中的某种情境、实际想要达成的目标、应聘者自身扮演的角色、会遇到怎样的困难、打算如何应对以及最后结果……应聘者需要回答在处理过程中如何理顺不同的关系，并能够得到怎样的工作启示。另外，面试官也需要通过连续的发问，要求应聘者解释回答中没有陈述清楚的问题，以便提高面试的深度和精细度，减少产生差错或者误会的可能。

在打分时，面试官将会根据应聘者对问题的回答建立素质模型，评估其行为能力。例如，面试官会根据应聘者对其具体工作行为的描述，将之对应领导素质的细化或者具体化特征，提高判断的准确性，避免面试过程中受到主观因素的影响。

宝洁公司的面试题目通常如下：

（1）请你举例说明，在完成一项重要任务时，你是怎样和他人有效合作的？

（2）请介绍与你共事过的“最难相处”的同事，你认为他为什么难以相处？你怎样才能和他一起顺利工作？

（3）当你被派去做一项工作，很少或者根本没有监督者，你需要做什么？有没有遇到问题？你将怎样处理这些问题？

……

根据这些问题，面试官分别在面试评估表上打分，具体分数项目包括说服力、毅力、组织能力、计划能力、团队合作能力等，每个面试官在综合考虑应聘者的背景和临场表现之后，会在“是否推荐栏”写明自己的决定，包括拒绝、待选或者同意。在宝洁公司，采取一票否决制，只要有任何一位面试官选择拒绝，应聘者就会被淘汰。

宝洁公司的面试策略和标准具有代表性：在人力资源管理工作中，面试无非是招聘工作需要的选拔工具，但怎样运用这类工具决定了招聘结果的好坏。

根据面试目的、内容和方式的不同，面试策略包括下面几种。

2.6.1 非正式面试

选用这种策略，面试官应该以聊天的语气和应聘者交流，面试官可以在不同场合提问，并要求应聘者回答，这样可以了解应聘者的心理素质和工作潜力。

采取非正式面试，对面试官个人的面试经验有较高要求。面试官需要懂得如何根据应聘者的性格调节谈话节奏、选择谈话主题，面对那些自信心强的应聘者，不妨加快谈话状态、加大谈话压力，考察对方在心态不稳甚至失去平衡的状态下，表现出怎样的态度，这能够更真实地反映应聘者的真正潜能；相反，面对那些看起来性格略沉闷的应聘者，面试官则可以适度调节气氛，从而真正全面地了解对方。

非正式面试的优点在于，没有看上去高不可攀的外在形式，应聘者心理负担较小，面试团队的心理压力也相应减少，这样的面试容易得出最真实的结论。

这种面试的缺点是，一旦其中某个环节不到位，就有可能脱离主题，也难以对不同的面试对象加以量化，对面试官的要求较高，也容易导致求职者所提供的信息被无意中忽略。

2.6.2 结构化面试

结构化面试是不少企业选择的面试方法。在面试之前，HR 管理人员应和整个招聘面试团队协商，提前将问题准备好，并确定提问顺序。面试开始后，在既定的时间、地点和场合，由面试官严格按照事先确定的程序对每个应聘者提出相同内容的问题，并要求他们当场口头回答。

在安排结构化面试时，通常遇到以下几种问题，包括工作知识问题、工作情景问题、工作样本模拟问题、求职者要求问题。

另外，HR 管理人员还可以将面试分为全结构化面试和半结构化面试。全结构化面试主要通过工作分析进行基础提问，并以打分的形式对回答量化，最终得出结果；半结构化面试中，提问和回答依然是主要内容，但不需要按照固定的程序进行。

在结构化面试中，HR 管理人员作为主考官应注意如下两方面的问题。

1. 坚持多听少说原则

结构化面试中，应聘者应具有足够的表现机会，主考官提问时应该直接明了、准确清晰，一旦应聘者开始回答，主考官就应该认真倾听并随时记录，而不需要有任何表达。

2. 严格按照程序进行

在结构化面试中，HR 管理人员应事先告知所有考官不要表露个人看法，在表情、动作上也不应该有任何暗示，避免暴露任何作为招聘方的想法与面试目的，导致应聘者故意放弃自己的真实想法而迎合考官。

通过正确选择面试的方式和标准，HR管理人员可以考察应聘者的领导能力、沟通能力、思维能力和创新能力，部门领导者在此过程中也能考核应聘者在专业知识方面的能力。通过综合分析，把握应聘者的综合能力。

2.6.3 面试时如何巧妙漫谈

在面试中，漫谈法被广泛使用。通过漫谈，能够有效减轻应聘者的心理压力，帮助HR管理人员了解对方真实的想法、掌握全面的情况。漫谈法具有一定难度，在使用过程中切不可随意进行，应在轻松的气氛下集中谈话方向。

在面试之前，应该制订谈话大纲，并在具体进行过程中根据每个谈话对象的不同有选择地使用大纲内容，尽量让谈话过程围绕岗位需求进行。

谈话进程中，HR管理人员应该注意下面几个方面。

1. 做好谈话开头

HR管理人员和应聘者的漫谈可以从正式面试结束后开始，但谈话实际上从双方一见面就已经进行了。为此，不妨在面试开头就向应聘者介绍有关话题，例如："在我们开始面试之前，我想了解你的背景与经验，包括你的工作和教育经历、兴趣爱好等，你也可以和我分享任何事情。我随后也会提供公司和工作的有关信息给你，并回答所有你可能提出的问题。"

2. 避免将惯性思维带入漫谈

虽然谈话形式轻松，并制订了大纲，但HR管理人员不应该将自己放在专家位置上对应聘者进行评判。相反，应时刻让漫谈充满互动可能，不断调整谈话方向，有效听取应聘者的反馈信息，避免惯性思维主导谈话。

3. 对谈话加以记录

面试进行到漫谈时，尽量录音、录像或由专人记录，这是保持面试公平有效的重要环节。如果记录不详细、不准确，那么客观的评分程序也就无从进行，因为HR管理人员有可能只是根据大体印象对应聘者做出并不准确的判断。

4. 观察非语言行为

虽然漫谈是以语言交流为主，但在面试过程中，HR 管理人员不能只是提问和听取回答，同时也要观察应聘者的非语言行为，包括面部表情、习惯动作、姿态和语调等。

【附表 8】 应聘人员筛选比较表

应聘职位			面试人数					人		面谈日期				面试人员							
面试记录	应聘人员姓名	学历	年龄	专业知识				态度仪表				工作经历是否关联	反应能力				特别技术或专长	口才			面试人员意见
				优	良	中	差	优	良	中	差		优	良	中	差		优	佳	平	

【附表 9】 招聘工作报告表

应聘人数	人	初试合格	人	面试合格	人
复试合格	人	合格率	%	招聘完成率	%
费用预算	元	实际支出	元	节约（超支）率	%
预定时间	天	实际时间	天	提前（滞后）率	%
计划招聘方式			实际采用方式		

（续表）

各职位应聘情况报告						
序号	招聘职位	应聘人数	初试合格	复试	招聘人数	到岗试用

制表：　　　　　复核：

2.7 如何评估招聘风险

在企业的员工招聘过程中，不可避免地存在种种由主客观因素带来的风险因素。HR 管理人员不仅要认识到这些风险，还要做好防范工作。

2.7.1 做好员工背景调查

为了将招聘带来的风险降到最低，HR 管理人员应该在招聘开始之前就做好风险调查工作。由于招聘风险集中在员工个人提供虚假情况方面，对员工的背景调查应成为重点，从而有效增加信息透明度。

1. 确定背景调查的目标群体

背景调查的目标群体包括拟应聘或入职人员、本企业在职员工。

2. 确定调查内容

由 HR 管理人员将候选人的基本信息提交给调查组成员，围绕这些信息确定调查内容。其中可分为：资质类，即候选人是否真实具有其提交的学历信息、专业信息等；工作类，即候选人是否在原公司工作、雇佣时间、职位名称、最后薪金、离职原因、有无劳动争议、有无违纪违规行为、有无签订培训协议、有无签订竞业禁止协议；工作表现类，包括候选人在原公司工作中的优点、缺点、工作积极性、前瞻性思维、影响力、领导能力、领导风格、敬业度、沟通能力、创造力、决策能力、压力控制、关系网建立、行业知识和项目管理经验等。

3. 确定访问对象和调查方式

访问对象包括学校、认证机构、渠道管理部门负责人。对于过往工作表现的调查对象则应该是原公司的 HR 管理人员、上级、同级或者下级。

调查方式包括电话访问、公函邮寄和邮件访问等。

4. 验证信息

如果有必要，应该根据不同访问对象提供的信息进行复核，从而做到循环信息验证。具体方法包括多样采集、复核验证、逻辑对比等。

2.7.2 如何签署免责声明

为了最大程度避免招聘对象带来的法律风险，在新员工入职之前，应该要求他们签署免责声明，从而规避公司可能面对的法律责任。下面是常见的免责声明格式。

【范文1】 免责声明

声　明

__________公司：

本人于____年____月____日入职，在加入贵公司前，本人承诺已完全和原单位解除劳动关系，离职手续已办理完成且与原单位无任何保密协议及竞业限制的约定。故本人与原单位可能产生的任何有关劳动用工、保密、竞业限制等争议均与贵公司无关，由本人承担所有责任。可能由此对贵公司造成的损失，贵公司有权对本人进行追偿。

原单位离职证明因个人原因未能在声明之日提供，本人承诺将于____年____月____日前提供。

特此声明！

声明人：

身份证号码：

日期：　　年　月　日

2.8 居安思危，为企业储备人才

企业之间的生存竞争一定程度上遵循着丛林法则，只有强者才能生存下去，并创造价值。所谓强者，说到底还是要看人才队伍是否强大，看企业储备人才是否强大。

企业增强自身竞争实力，不仅需要招聘新的员工，更要懂得按照自身发展需要，不断引入并储备新的人才，包括具有成长潜力的未来管理型人才和技术专家，做好这样的储备，才能让企业组织顺利地更新换代，为成长和发展做好充分准备。

正如人力资源专家彭罗斯认为：企业成长的动力来自于“组织剩余”，即只有组织内部有剩余的人才资源，才是企业不断发展的动力，这也意味着企业想要获得成长机会，就必须要有看似“多余”的人力资源参与组织的运营和规划中，某种程度上，这些人才看似剩余，却是企业储备的宝贵资源。

某外资企业十几年前进入中国和一家电器公司合资，保留了该公司原有的管理团队。由于希望管理层稳定，整个团队始终占据着总经理之外的所有高管要职，这导致中层干部逐渐流失，随着高管团队的年龄老化或离职，新的高管团队面临无人可用的局面。

另一家企业则有新的烦恼，由企业转向制造之后，根据新的生产需求，该企业需要更多员工并计划在多个地区设立新厂。然而，这样的人力资源需求让企业猝不及防，除了普通操作人员可以从外部招聘外，中层管理者根本来不及培养，而市场招聘也不能满足如此急迫的需求。

面对类似问题，成熟的 HR 会怎么做？

麦当劳是国际餐饮企业中的巨头，它能够取得今天的成就，离不开整个企业正确的发展战略，自然也和其储备人才队伍的战略息息相关。

提前储备人才是麦当劳人力资源管理工作的重要指导思想。正因如此，麦当劳的人才结构和其他公司有所不同。在大多数公司，毕业于大学相关专业的员工占据70%~80%，但麦当劳中真正毕业于商业管理专业的员工不到40%，其余员工都是从储备人才队伍中成长起来，这些人才来自于在校学生、工程师或者教师等，而储备人才队伍又是从兼职工作开始，许多人在上学和工作之余利用业余时间到麦当劳餐厅打工，并逐渐成为该公司的储备力量。

当然，麦当劳对这些储备人才有一套独特的管理和培训机制，他们中的优秀者能够根据麦当劳的培训计划晋升并担任不同职务，很多人通过这条途径当上了麦当劳店长、经理，或者走上了更高的领导岗位。

庞大的储备力量让麦当劳的员工培养、使用和提升都有了更强的选择性，让企业有了更加稳固的基石，并不断注入新鲜血液。

但是，企业人才储备相比招聘而言有更大的难度，这是因为储备过程不仅会受到种种干扰，更需要有完善系统的计划架构。储备人才的关键性问题包括企业应该储备什么类型的人才、从什么时候开始储备、以什么方式进行储备等。

2.8.1 企业急需储备的两类人才

一般而言，企业急需储备的有两类人才。

1. 核心业务人才

所谓核心业务人才，是指同企业生存发展息息相关的人才，包括高级管理干部、技术骨干等。因为一旦核心业务人才跳槽或离职，将可能对企业的生存与发展造成重大影响。储备核心业务人才能够防患于未然。

2. 全面复合型人才

全面复合型人才不但自身具有特长，而且有着丰富的工作经验、多面的知识领域，他们大都具有较强的学习能力，善于发现并解决问题。

2.8.2 人才储备的四个策略

招聘固然能够带来新的人才储备，但利用好现有员工的潜力，积极推进升级和转化是企业人力资源储备另一重要途径。在企业的日常运营中，HR管理人员应该关注有良好职业潜力的基层员工，他们不仅精于本职业务，而且愿意担当管理责任，更加关心企业集体事务，这样的人就是企业人力资源储备的来源。

可以通过下面的方法储备人才。

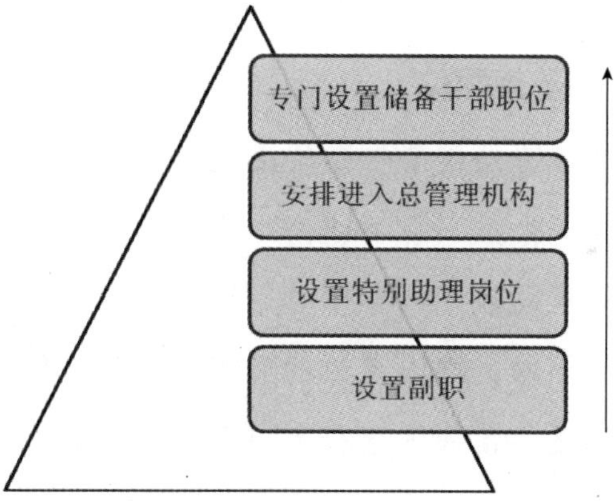

1. 设置副职

HR管理人员可以建议公司在某些重要的岗位上设置副职，将储备人才放在这样的岗位上，可以让他们跟随正职学习，通过适当的授权让他们获得一定的工作领导权，从而逐渐胜任正职的工作岗位。

2. 设置特别助理岗位

一些员工有着相当不错的工作潜力，但限于企业现有人力资源结构，不便让他们马上步入领导岗位，想要储备这样的人才，可以在企业内部专门设立总经理办公室、总裁办公室或者董事会办公室，让这样的员工成为特别助理，专门负责总经理、总裁或董事会直接交付的工作，学习成长。

3. 安排进入总管理机构

在大型集团，经常需要协调管理几家不同的分公司、子公司，这时候企业需要的不只是公司总部，还要有专门的总管理机构对之督导、考核和管控，并协调分配共同资源。可以将拥有潜力的员工调入总管理机构，让他们在完成日常工作的同时了解企业的整体运作，这样他们的思维习惯也更容易从企业整体需求出发，同时，由于总管理机构会主管不同的项目，这些员工参与其中可以获得更多学习锻炼的机会。

4. 专门设置储备干部职位

很多国际企业都设置储备干部职位来储备人才。可以参考麦当劳和肯德基等大型连锁集团的做法，在下属公司或门店中设置储备店长、储备干部岗位，并招聘文化素质较高、工作能力较强的年轻人担任岗位工作，经过一定时期的历练和培养，再以考核的形式从中甄选优秀人才，并最终走上正式管理职位。虽然储备人才会有一定数量的流失，但总体来看，还是能为企业有效地、批量化地培养组建人才队伍。在设立储备干部岗位时，HR管理人员需要注意为他们设立的职位应该带有“新”和“预备”的色彩，这样可以避免现有管理者的焦虑——担心储备干部的成长会取代他们现有的位置。因此，专职岗位和副职岗位应当平衡设置，结合具体部门的情况，避免现有管理者产生抵触情绪。

2.8.3 人才储备的原则

除了掌握应有的形式来储备人才外，在企业发展的时间窗口储备不同人才，也是 HR 管理人员需要掌握的重要内容，下面这些原则值得牢记和使用。

（1）对于关键性的管理和技术人才，企业可以随时招聘和录用，也能在日常招聘活动中吸纳，如果情况较为急迫，可以从合作关系紧密的猎头公司人才库中遴选。

（2）公司在创业阶段，可以根据员工升职培训所需要的时间，结合市场上人力资源的供求状况，于项目开始前 3 个月左右进行储备。

（3）公司在转型阶段，可以根据所需要的人才在市场上的准备情况，结合转型进度，确定人才储备时间。

2.9 薪酬谈判技巧

在面试的最后一步，HR 管理人员还承担着相当重要的责任，那就是与合适的应聘者进行薪酬谈判。

在招聘过程中，经常会有应聘者在面试中表现良好，但到最后的薪资谈判阶段感觉掌握了主动权，趁机开出高期望值，导致整个招聘团队陷入僵局。在这种困局中，招聘团队一方面担心错过合适的人选，另一方面又不愿意打破企业的薪酬体系，给企业内部造成不平衡，冲击企业内部的人力资源管理体系。

HR 管理人员应该如何面对呢？下面的案例中，HR 管理人员成功运用薪酬谈判技巧解决了问题。

某公司招聘商务专员，给出的起薪点是不超过 2 800 元，用人部门对应聘者 A 比较满意，经过和 HR 总监沟通，表示可以接受 A 入职。但在薪资谈判时，A 要求的起薪点是 4 000 元。

此时，HR 总监开始了薪资谈判，他首先分析了 A 的能力和性格特征，并结合其个人经历（名校毕业），分析其究竟是基于何种职位提出的期望值，继而将目前的性格、能力同A想要的岗位比较分析，帮助A认识到，以目前的条件，暂时还无法做到更高的职位，也就拿不到心理预期的4 000元薪资。

听完分析，A沉默不语，实则内心已经有所认同。于是，HR总监又向她介绍了公司的发展前景、提供的人文环境和职业规划等。最后，HR总监建议她回家再考虑考虑。

招聘结束之后没多久，A就打来电话表示愿意接受2 800元的起薪。

从案例出发，HR管理人员有必要掌握下面几种薪酬谈判技巧。

2.9.1 博弈打压

无论应聘者多么适合企业的岗位，在招聘过程中，HR管理人员都应该积极应用不同方法，合理、适当而精准地给对方心理压力，对其心理期望值加以打压，从而确保对方在看待底薪时更加务实。

在打压之前，必须先摸清对方的心理底线，大多数应聘者在谈到薪资时会刻意夸大，尤其提到原企业薪资时更是如此。这就要求HR管理人员既要熟悉人力资源的市场行情，也要懂得心理博弈的微妙技巧，从而掌握更多主动权。

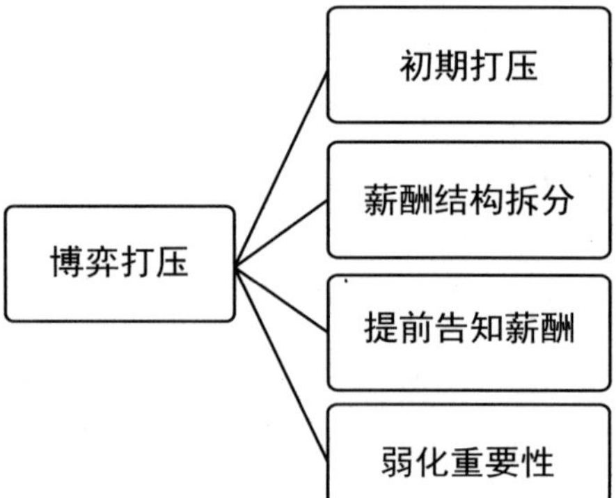

1. 初期打压

在面试初期，HR 管理人员就应该早于应聘者树立薪酬谈判意识，从多方面了解对方真实的想法。

面试初期，应聘者面对众多竞争对手，更关注的是公司整体实力和工作前景，同时也关注自己能否顺利进入“下一轮”，在这种情况下，他们通常不会表露出对薪酬的过多关注，而愿意做出一定的让步。

在这个阶段，HR 管理人员可以压低对方对薪酬的期待，避免后期有太高期望，例如，初期就告知应聘者，其原公司有员工在本公司工作，或者提前告知应聘者，公司今后确定薪酬时，需要提供原公司的收入证明等。

2. 薪酬结构拆分

HR 管理人员需要全面了解应聘者的收入情况，包括其固定薪酬、绩效薪酬、奖金和提成、津贴与补助、期权股权、福利等，另外，还应该问清楚薪酬是税前还是税后。当应聘者提出较高薪酬期待时，要将薪酬有效拆分，去除浮动或预期部分，抓住固定部分。通常固定部分的薪酬数字就是应聘者能够接受的底线。

3. 提前告知薪酬

针对部分应聘者不切实际的想法，HR 管理人员需要明确告诉他们以下要点：首先，定薪需要遵循公司原有的薪酬体系；其次，原有薪酬可以作为参考，但并非绝对依据；最后，公司目前的薪酬体系是在对市场全面调查基础上确定的，体现了公司的价值标准。

4. 弱化重要性

即使很看重某个应聘者，但在薪酬谈判时，也要适当弱化其重要性。

可以向应聘者强调，有很多候选者正在竞聘该职位，公司也在权衡比较，这样能够有效打压应聘者内心的自我评价，增加谈判筹码。

HR 应点出应聘者的不足之处，进而弱化其重要性。比如可以这样说：

"你的竞争优势在于薪酬水平要求不高，因为你的潜力和经验并不是最好的，如果你要求更多薪酬，那可能公司需要重新权衡一下。""如果你看到了工作的前景、未来薪酬增长和总体福利待遇，你就能体会到我们的条件比较优越。而且，薪酬也不是我们公司所提供条件的全部价值。"

2.9.2 强调优势

如果说压制应聘者是为了降低要求，那么强调公司优势就是为了转移对方注意力，弱化应聘者对薪酬的关注度。

1. 可以展现"全面薪酬"

在谈判时，不能为了薪酬而谈薪酬，而是要挖掘企业全部的核心价值点。在应聘者面前展现企业的优势，其中包括公司品牌、工作平台和环境、整体的福利，并增强对企业的信心，提升整体吸引力。当这些吸引点越多，在薪酬谈判天平上的筹码也就越多。

2. 描绘发展前景

可以告诉对方本行业具备很大的发展空间，无论是个人职业发展通道，还是薪酬提升空间，都具有充分的吸引力，同时可以举出内部员工的实际例子加以说明，从而引导应聘者学会向前看。

尤其要向对方强调的是，目前的薪酬只是一时的，如果个人能力、工作业绩有所提升，薪酬也会获得提升。这需要招聘者对公司充满信心，相信公司会给应聘者提供合理的薪酬与有前景的未来。

3. 抓住对方需求

不同的应聘者，看重的职业报酬重点也不同，在谈判中，HR 管理人员需要抓住对方最关注的重点来说服。

要从对方离职的原因分析，抓住其在原公司未能满足的部分来寻找需求。例如，在面试时，HR 管理人员应该主动询问对方的不满之处，例如稳定性、锻炼机会、工作权限、团队氛围、加班情况甚至试用期长短。在应聘者的表达中，抓住他们最关心的部分，从而施加影响，采取适当的吸引措施。

2.9.3 放慢薪酬谈判的节奏

薪酬谈判通常需要进行多次，不可能一蹴而就，越是高层管理者的薪酬谈判，越是如此。因此要放慢薪酬谈判的节奏。

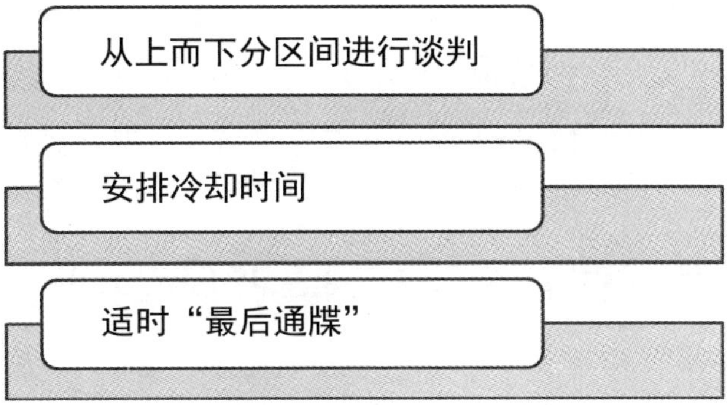

1. 从下而上分区间进行谈判

薪酬谈判的起点是非常重要的，如果最初探讨的薪酬范围和最终的薪酬存在太大差距，就会导致应聘者产生不信任感。

可以先确定薪酬范围，之后从最低的 1/3 区间开始谈判，如果应聘者的异议较为强烈，可以再逐步转移到中等的 1/3 区间、最高薪酬的 1/3 区间。

2. 安排冷却时间

如果前两次薪酬沟通没有成功，应聘者有可能在离开谈判现场之后继续通过电话、邮件等方式提出异议。此时，不需要马上回复，拖延一两天，让对方知道薪酬的调整需要经过公司内部流程审批，营造必要的困难感，从而让对方知难而退。

3. 适时“最后通牒”

如果应聘者要求的薪酬始终和企业标准差距较大，可以及时发出“最后通牒”，即明确告诉对方，自己已尽了最大的努力申请特殊薪酬，如果公司不同意，只能放弃。

其实，可以在高层已经同意薪酬标准的前提下，使用“最后通牒”的技巧，但绝不可以将消息透露给候选人，除非他们真正准备接受聘请。这样的方法还能减少应聘者选择其他企业的机会，也消除了他们再次打算讨价还价的可能。

薪酬谈判是人力资源管理工作中的重要技能，通过实践也可成为一门艺术。只有把握信息、捕捉心理，HR 管理人员才能促进薪酬谈判成功。

2.10 面试时让每位应聘者感受到温暖

众所周知，在人力资源管理工作中，作为招聘方的企业和作为应聘方的员工具有对等的双向选择权。当 HR 管理人员代表企业选择应聘者时，应聘者也同样在选择招聘单位，应聘者可能因为面试表现不佳、个人能力和岗位不匹配抑或言谈举止不得当被拒之门外，但同时应聘者也在观察着企业的形象，并根据 HR 管理人员的表现判断企业是否具备充足的竞争力。

然而，HR 管理人员经常意识不到这一点，他们经常抱怨招聘不到符合岗位要求的员工，简单地将问题推到福利待遇上，其实很可能是因为 HR 表现不佳，没有塑造良好的企业形象。

在招聘团队构建中，HR 经常不重视人员筛选和细节安排，导致招聘团队中员工素质缺乏、形象不佳、专业不精，如此的招聘团队不仅难以完成招募工作，也有损企业形象。

在某些校园招聘会上，一些企业招聘人员穿着随意、发型凌乱，对待应聘的学生面无表情、爱搭不理，更有甚者，低头玩手机，回答应聘者的提问也是三言两语……显然，这样的招聘团队很难吸引优秀的应聘者，即使其背后的企业花费了应有的成本进行自我宣传，还是会付诸东流，给企业造成无法挽回的损失。

物以类聚，人以群分，形象良好的企业起码在外表上能够让优秀的人才眼前一亮，而形象欠佳的企业，第一印象就会让应聘者失去兴趣。招聘人员代表了企业的员工，他们传递的是企业的文化和氛围等软实力，并影响应聘者对企业的评价。

面对新的市场竞争环境，人力资源工作中的招聘环节已经不再单纯为企业招募有价值的员工，同时也担负着宣传企业形象的使命。尤其是企业的外部招募，更是有树立企业形象的重要作用。鉴于此，HR 总监在组建招聘团队时，必须像对应聘者的甄选那样严格，从自身做起，挑选精明能干、仪容大方、专业扎实的招聘人员，规范他们的言行举止，并明确提醒他们言行对企业所起的作用，从而让招聘团队发挥应有的作用。

2.10.1 招聘告示应人性化

无论是在网站还是在报纸上刊登招聘告示，都应提前一段时间，让应聘者有时间准备材料，告示应包括公司的全称、运营范围、成立日期、业绩情况等。

还应写清楚本次招聘员工的职务、性别、年龄范围、专业和工作年限等，用语要简洁明了，这样才能让应聘者感到企业的管理逻辑和运营思路是清晰的。

2.10.2 挑选招聘者

成立招聘小组后，除了邀请专业部门领导和员工负责招聘工作，还应对他们提出如下要求。

（1）对招聘者外表要有一定要求，五官端正、气质文雅并符合企业文化。

（2）招聘者的普通话要尽量标准，这样才能展示公司的沟通能力。如果是外企，还要兼顾招聘者的英语口语能力。

（3）在招聘过程中，专业性较强的工作问题通常由用人部门员工对应聘者提出，而人力资源部门的员工则更多关注应聘者个人层面特质，这就需要他们有良好的理解能力、充分的协作能力和敏锐的观察能力。

2.10.3 公开招聘结果体现企业文化

在招聘前公示是为了发布企业的招聘启事，而在招聘后HR管理人员往往不会进行公示。其实，完全可以将招聘之后在一定程度上公开录取人员的名单，这样既能避免用“请在家等待通知”这样的口头禅去回复应聘者，也可避免增加人力资源部门的工作量，还可通过公开录取名单展现企业形象。

这种公开展示还能让被录取者有一定的自豪感，他们会在言谈中有意无意地将这一消息传递给他人，无形中可以更好地树立企业形象。

第 3 章

明职责，定要求：让人才尽快适应岗位

- 做好新员工入职安排
- 做好新员工入职培训的五个技巧
- 做好岗位职责说明书
- 做好工作设计，让新员工更投入
- 从心理上关注新员工

3.1 做好新员工入职安排

新员工入职意味着劳动关系正式建立。在入职阶段，HR管理人员需要完成的工作包括录用手续、签订合同和入职培训等。俗话说“好的开始是成功的一半”，如果能在员工入职之初就圆满完成手头应做的事情，会为今后企业的人力资源管理打好基础。

下面来看员工在入职过程中，HR管理人员应该做好哪些具体的事情。

3.1.1 明确管理内容

只有先了解管理内容，才能知道在迎接新员工时要重点做好哪些方面的工作。

（1）再次核对、检查、了解和确认新员工的情况，避免由于招聘过程中的错误而造成与招聘要求不符。

（2）办理新员工的入职手续。

（3）向新员工介绍具体的工作内容、环境，并介绍给相关领导、同事或下属，尽快打消新员工对环境的陌生感，帮助他们尽快进入工作角色。

（4）进行入职培训。

（5）在试用期内，跟进和评估新员工的工作，为转正提供依据。

3.1.2 做好入职前的准备工作

在新员工入职前，人力资源部门应提前一两天做好下列准备工作。

（1）整理新员工的个人资料，并通过电话和其确认报到的准确时间、地点和方式。

（2）利用电话、邮件等方式通知新员工其应该准备的物品。通常需要准备的物品包括身份证复印件2份、学历证明复印件1份、近期1寸彩照，如果有必要，还需要准备体检报告原件等。另外，如果企业为员工安排宿舍，还需要提醒他们准备好洗漱用品、换洗衣物和床上用品等。

（3）一般新员工入职之后需要马上投入工作，因此，能否为他们准备好即刻使用的工具是很重要的，其中包括：计算机、企业内部电子邮箱、文具、名片、通讯录等。

（4）为了安排好入职培训，还不能缺少入职培训的文件袋，其中包括总经理欢迎信、公司简介、员工手册、培训时间安排、起薪通知书、相关规章制度、职位描述、上下班时间须知、办公区平面图、问题申诉程序及方法等。

（5）提前确定好发放给新员工的基本工作材料，并确定好"入职联系人"。应发放《入职培训指南》、《员工手册》、工号牌、考勤卡、餐卡等。要为新员工准备好"入职联系人"，通常情况下，"入职联系人"是员工的直接上司，这样能够加快新员工对工作部门和企业整体的认识，并能够在短时间内近距离观察新员工的工作表现。为此，需要通知相关用人部门的领导，积极进行新员工入职的联系工作，由人力资源部门带领新员工，介绍给部门领导，再由部门领导提前熟悉"入职联系人"的角色，以便到时能够对新员工的工作进行相关指导、流程介绍、具体工作内容安排等。

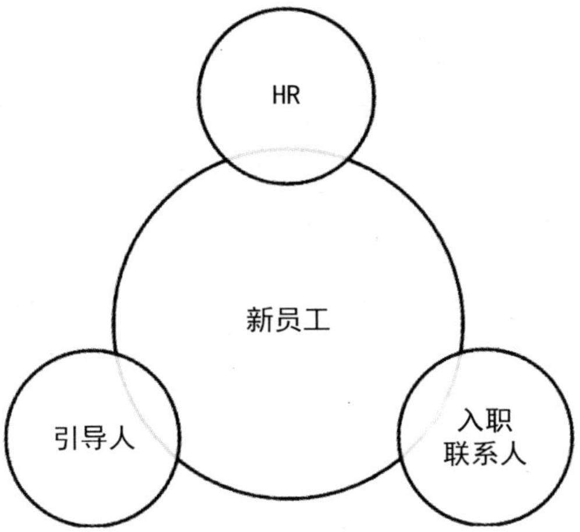

除了邀请部门领导担任“入职联系人”外，还应安排老员工担任“引导人”,“引导人”负责为新员工提供直接的指导和帮助,包括解释工作流程、办公用品使用，再到介绍客户、供应商或周边环境信息，例如企业周边的午饭地点、娱乐地点。

“引导人”通常可以由HR管理人员或者部门经理安排行政人员、文员、人力资源助理来担任，他们需要先和各部门负责人简单沟通之后，再和新员工接触，并在试用期内进行上述引导工作。

3.1.3 由人力资源部门办理入职手续

（1）在新员工报到当日，如果是新员工集体入职，则最好在大门或显眼位置打出醒目的横幅或张贴海报，欢迎新员工。由人力资源部门组织新员工填写履历表，并签订劳动合同，让他们能够从踏入企业开始，就感到自己是受到充分重视的，公司正在等待他们加入。

不要忘记给新员工的邮箱发一份欢迎邮件，在邮件中除了表示欢迎，还应该包括电子版的公司介绍、工资薪酬结构、相关规章制度、后勤服务、通讯录等。

（2）带领新员工粗略参观企业,包括向他们介绍办公地点、餐厅、会议室、卫生间等位置。并带他们到所属部门介绍给负责人。

（3）进入各自部门后，由部门的“入职联系人”（通常是部门经理）向新员工介绍工作范畴、职责，确保新员工了解部门内部的规章和要求。如果情况允许，部门应该召开会议，向新员工表示欢迎。

当然，上述内容只是标准化的新员工入职流程，不同企业结合不同的文化、背景、惯例会有不同的侧重点，有一些著名企业会将上述流程融入一次会议中完成，从而让员工在短期内就感受到企业的文化和氛围。

可口可乐公司召开有新员工参加的销售业务会议时，人力资源部门会提前通知新员工来报到，会议开始后，总经理会向与会人员隆重介绍新员工，介绍内容不仅有他们的个人信息，还包括他们之前的工作业绩、个人特长。为了避免新员工过分紧张，总经理会省略提问环节，并用适当方式体现公司对新员工的重视。

在这种正式场合下，新员工能够切实感受到自己的重要性，并体会到可口可乐特有的企业文化。可口可乐公司将他们看作大家庭的新成员，对他们并没有任何隐藏避讳，从而展示出真诚和开放的姿态，吸引员工为企业贡献力量。

在新员工入职流程中，HR 管理人员不仅应该管理好整个流程，还需要把控诸多细节，并逐渐形成企业内部的传统，营造良好的氛围。

3.1.4 员工转正考核

员工只有通过试用期考核，才能转为正式员工。由 HR 管理人员负责组织新员工的试用期考核，并在结束后安排新员工提交试用期个人总结；由 HR 管理人员填写“转正审批表”中的“试用期工作总结分析、工作意见与建议”；由相关指导人员评定新员工在岗位上的工作完成情况，并填写考核结果；由部门分管负责人对新员工综合能力加以评价，对其工作安排、职业发展做出规划；由部门主管进行试用期工作总评价和最终确定岗位、职级。

有以下问题需要注意。

（1）不要使用和普通员工完全一样的考核方法。因为在试用期，新员工可能会因发挥问题而表现不佳。

（2）无论员工表现如何，都要保留相关考核证据，防止出现劳动争议。

3.2 做好新员工入职培训的五个技巧

相信每位 HR 管理人员都明白，有效的新员工入职培训不仅可以传递企业文化以及核心理念，还可以规范员工的行为，为新员工迅速适应企业环境并与其他员工开展良性互动打下坚实的基础。然而很多HR管理人员在面对新员工的到来时，常常出现一种误解："报到上班后慢慢来，自然会熟悉一切，何必大费周章。"忽视了对新员工进行有效的入职培训，为员工日后发展埋下隐患。

那么如何做好新员工入职培训呢？

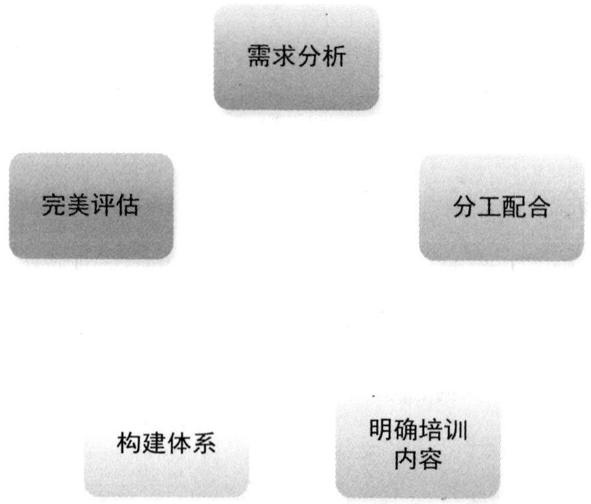

3.2.1 明确目的，做好需求分析

新员工刚入企业时，面对不熟悉的同事与企业战略，容易迷失方向，不辨东西。新员工会强烈渴望快速了解企业的现状、发展方向、自己在企业中能够付出什么、能够遇到哪些机会、又能收获什么……入职培训初期就应该根据企业的需求分析新员工的能力，为其树立正确的员工入职培训目标，为之后员工入职培训方法以及入职培训内容的选择埋下伏笔。

3.2.2 制订计划，分工配合

根据入职培训的目标，制订入职培训计划，促使新员工入职培训有序进行。在计划中，需要着重考虑入职培训师、入职培训场地安排，以及相应的后勤保障安排等。新员工入职时，华为、海信等大型集团大都需要经过一段时间密闭的军事化训练，一些中小企业也会由 HR 管理人员牵头，对员工进行全面培训，以使员工尽可能全面了解企业的情况。这需要企业各部门的分工配合，例如，HR 主管负责计划的安排，明确入职培训分工，协调组织入职培训方案以及协助分配新员工；入职培训师了解新员工拟分配的岗位，有的放矢地调整新员工入职培训内容，参与新员工的评估等；基层主管主要负责做好新员工的咨询指导，了解公司用人制度，与入职培训者统一口径，避免“令出多门”增加新员工的困惑。

3.2.3 明确培训内容，提高效率

在进行入职培训时，每家企业都希望新员工能更快速地熟悉企业的运作、了解自己将要做什么、如何满足组织的要求等。因此，HR 管理人员在入职培训过程中应该明确入职培训内容。

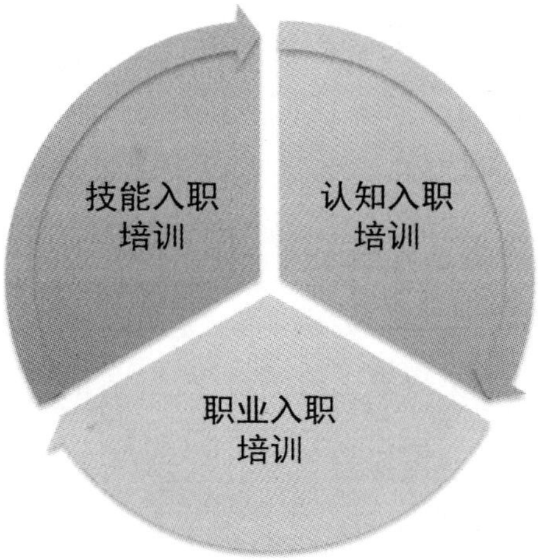

（1）针对岗位要求和岗位技能的员工入职培训，一般由用人部门的负责人主讲，主要是让员工明确接下来自己要从事什么工作，要把这个工作做好需要准备什么。

（2）入职培训内容不能仅仅局限于员工技能的提升，还要对新员工进行认知入职培训和职业入职培训。认知入职培训主要包括企业概况、企业主要管理者、企业制度、员工守则、企业文化宣讲等内容，学习的方式实行集中入职培训，并由公司管理者和人力资源部门主讲。认知员工入职培训主要帮助新员工全面而准确地认识企业、了解企业，从而尽快找准自己在企业中的位置。认知员工入职培训结束后一定要进行认知性的测验，以强化企业的各项基本知识在员工头脑中的记忆和理解。合理的员工入职培训内容设计可以让员工在短时间内了解企业，了解岗位的要求，少一些迷茫，多一些从容。

（3）职业入职培训是为了使新员工尤其是刚走出校门的学生完成角色转换，成为一名职业人。其内容主要包括社交礼仪、人际关系、沟通与谈判、科学的工作方法、职业生涯规划、压力管理与情绪控制、团队合作技能等。

3.2.4 构建易操作的新员工管理体系

在一些企业中，新员工经常会被当作“灭火队员”来使用，导致新员工产生逆反情绪。所以HR管理人员应该更清晰地了解新员工的真实想法，理解他们的内心世界。

作为新人，希望得到别人的关注，而企业有义务尽可能地帮助新员工，增加与新员工交流的渠道。新员工刚进公司时，什么都是新的，他们很希望去接触新的事物，但苦于找不到适当的渠道，有时甚至会感到迷茫。因此，HR管理人员为他们选择一位比较合适的督导人员，合理引导他们，甚至为新员工制订合理的职业生涯规划，就显得很有必要了。

3.2.5 建立可行的入职培训评估方式

为了保障入职培训的效果，提高入职培训管理水平，HR管理人员应密切关注入职培训的质量，特别是从入职培训目标出发跟踪其成效，应该对新员工入职培训的各个环节进行评估，保证入职培训需求的科学性，确保入职培训计划与实际需求的合理衔接。

一般来说，HR 管理人员应该确认以下五点。

（1）帮助实现入职培训资源的合理配置。

（2）保证入职培训效果测定的科学性。

（3）通过入职培训的评估，保证入职培训活动按照计划进行。

（4）收集入职培训执行情况的反馈，调整入职培训计划。

（5）过程检测和评估有助于科学解释入职培训的实际效果。

通过入职培训效果评估，可以了解学员的学习情况，同时促进学员的学习，调动他们学习的积极性，保障入职培训的知识及时吸收和消化。通过员工入职培训评估，可以清楚地了解员工入职培训目标的达成情况，从而有针对性地改进。

入职培训是企业人力资源开发的重要手段，是现代组织人力资源管理的重要组成部分，实施员工入职培训有利于提高员工的个人素质和工作能力，从而提高组织的整体水平和工作效率。作为刚入职的新员工，能否尽快熟悉企业，完成角色转换，需要企业高度重视入职培训。所以，对 HR 管理人员来说，新员工的培训工作应该建立一种长效机制，深入持久地开展下去，争取让每位新入职的员工都接受培训。

当然，制订入职培训规划的另一个目的是留住人才，培养有助于公司发展的可用人才。任何时候，只有员工的素质不断得到提升，HR 管理人员的工作才有成效，企业才能寻找到不竭的动力之源。

3.3 做好岗位职责说明书

新员工入职之后，如何尽可能短暂地度过不适应期，怎样尽快地融入工作氛围，这都需要HR管理人员发挥应有的作用。其中，岗位职责说明书的编制看似司空见惯，却不容忽视。

3.3.1 做好岗位调查六法

岗位职责说明书的编制需要提前获得岗位信息，HR管理人员应该利用科学方法认真进行岗位调查，确保调查获得的材料真实、完整和可靠。

下面是岗位调查的几种方法。

1. 观察法

岗位分析人员在进行岗位调查时，通过观察或其他方式对在岗员工的实际工作以文字、图表或者图像进行记录，从而搜集岗位信息。

观察法主要适用于体力劳动、事务性劳动，例如搬运员、操作员、驾驶员、打字员等职位。其中又可细分为直接观察法、阶段观察法、工作表演法三种。

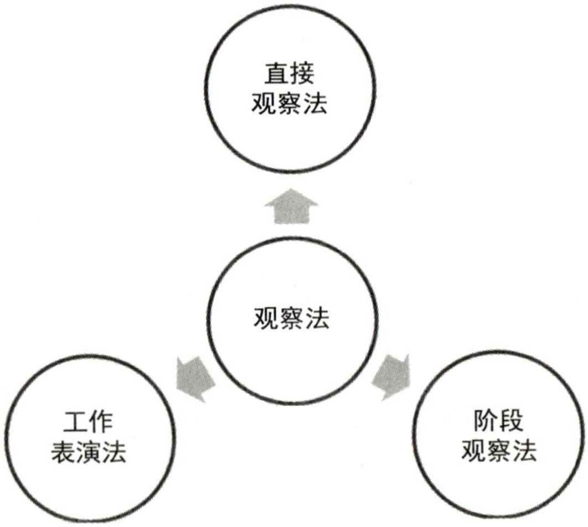

（1）直接观察法。岗位分析人员直接对员工的工作过程进行全面观察，这种方法适合工作周期短暂的岗位。

（2）阶段观察法。一些岗位具有较长的周期性，为了能够全面观察其所有工作，HR管理人员可以分阶段进行观察。例如，针对行政文员的工作，需要就其工作中的某个阶段加以观察。

（3）工作表演法。工作周期较长或突发性工作事件较多的岗位，例如保安等岗位，除了日常工作外，还需要处理突发事件。因此，岗位分析人员可以通过让员工对工作过程细节进行表演，完成对工作的观察。

不论使用上述何种观察法，岗位分析人员都应该事先将观察表格准备好，并随时记录。如果条件允许，还可使用摄像机等设备记录岗位工作内容，从而进行分析。另外，对于某些比较特殊的工作岗位，应该在不引起被观察者注意的情况下进行考察。

2. 面谈法

面谈法又称采访法，岗位分析人员和员工进行面对面谈话，搜集岗位信息资料。在采访开始前，岗位分析人员有必要准备好面谈的提纲，并在面谈时搜集岗位信息。

在面谈过程中，岗位分析人员需要适度控制谈话节奏，既要防止谈话内容跑题，又要懂得突出主题，岗位分析人员应该具备良好的语言表达能力、逻辑思维能力，并及时做好谈话记录。

面谈法适合调查智力工作岗位，例如开发设计人员、高层管理人员。

3. 问卷调查法

为了进行科学全面的岗位分析，岗位分析人员可以拟订内容丰富、切实可行的问卷，并交给岗位员工填写，从而获得岗位工作信息。这种方法适用于智力工作者、管理工作者或者工作内容不确定因素大的岗位。

通常，问卷内容要关系到工作岗位上需要的行为素质、心理素质，被调查者要根据这些素质的重要性，按照给定方法做出回答。一般来说，问卷所准备的答案应该具备三方面层次：首先是必要性，即特殊素质是否必须具备，包括需要和不需要两种；其次是特殊素质的应用频率，包括经常用到、有时用到和从未用到；最后是这些特殊素质通过训练后的成效，分别是大有进步、稍有进步或未必进步。

4. 参与法

在参与法中，岗位分析人员会直接进入员工工作过程，他们扮演员工的工作角色，发现工作过程中的信息。这种调查方法适用于专业性不强的岗位，但能够互动更加准确的信息。

在参与法中，岗位分析人员应该真正理解和进入工作状态，去体会其中的不同之处，而不仅仅是从表面上模仿他们的工作行为。

参与法适用于在短期能够学会的岗位，岗位分析人员可以通过实践，直接掌握岗位工作的一手资料，并补充表面上无法观察到的内容。当然，参与法的缺点也很明显，对于现代企业中许多高度分工的专业化工作，这种方法并不适用。

5. 关键事件法

通过对岗位工作中具有重要价值的事务进行观察、搜集和记录，岗位分析人员能够提取代表岗位工作内容的重要项目，总结岗位职责的关键特征与行为要求。这样的方法既能帮助岗位分析人员获得静态信息，也能了解岗位具有怎样的动态特点。

通过对关键事件进行了解，编制成岗位说明书，能够对企业的培训、开发和绩效考核方面等起到作用。这种方法可以直接对工作中的具体活动进行描述，因此适合员工比较多或者工作内容比较复杂的岗位。

需要注意的是，关键事件法也存在明显的缺点：首先，用此方法调研岗位，需要花费大量时间对关键事件进行搜集，然后进行开阔分析；其次，关键事件虽然涵盖了对工作绩效有效或者无效的工作事件，却忽视了相同岗位上不同员工的平均绩效水平，对岗位职责描述来说，平均职务绩效是不可或缺的。正因为存在这样的问题，关键事件法就不适用于普通绩效员工，因此，单纯使用这种方法无法进行全面岗位分析。

6. 资料分析法

如果想要适当降低岗位分析成本，节约分析调研所使用的时间，那么岗位分析人员应当尽量利用现有资料，系统了解不同工作的责任、任务、权利、工作负荷与任职资格，并进一步为调查奠定基础。尤其是人力资源部门如果已有大量岗位分析历史资料，更适合采取这样的方法。

能够提供给岗位分析作为重要基础资料的包括：现有岗位规范、责任制文书、员工对工作关键事件的记录、工作日记等。

3.3.2 岗位职责说明书的内容构成

掌握了基础资料的搜集方法，在岗位职责说明书编制之前，HR 管理人员应该明确下面几方面构成内容：岗位信息、岗位职责和任职要求。

1. 岗位信息

岗位信息包括岗位名称、编号、所属部门、直接上级和下级、定员人数与岗位分析日期等。

（1）岗位名称：主要用于界定岗位所从事的工作性质和职能，包括通用岗位使用的规范性名称，特殊岗位则应该比照其他企业进行命名。

（2）岗位编号：根据企业编号规则统一填写，从而便于管理。岗位编号的规则应该明确、有效，通过编号能够直观地了解岗位所在部门的信息。

（3）所属部门：主要指岗位隶属的部门名称。

（4）直接上级：指岗位上的员工直接汇报的岗位名称，通常，一个岗位应该只有一个直接上级。

（5）直接下级：指岗位上的员工能够直接领导的岗位名称，一个岗位可以有多个下级。

2. 岗位职责

岗位职责一般由两方面内容构成，即工作概要和具体职责。

（1）工作概要：主要说明岗位工作的整体内容，包括指导思想、执行依据和活动内容权限。工作概要一般按照下面的格式叙述：依据（根据、按照）……执行（操作）……等行动，达成（获得）……结果。

（2）具体职责：包括岗位责任和工作权限。

①岗位责任需要参考的因素主要是工作权重。所谓工作权重，是指本项工作的工作量占据本岗位工作总量的比例，一般情况下，工作权重可以用时间比例来代替，每个岗位上所有工作的权重综合为100%。

②工作权限是指工作岗位需要承担的一定责任，对权限加以细分，则包括对应的人、财、物上的支配权限，如岗位上员工的决策权、管理人员对人事的安排权、对下属的监督权、对工作财力和物料的审批权。

3. 任职要求

任职要求是指员工从事某项岗位工作时必须掌握的基本资格条件，其中包括学历资格、知识要求、资质证书、专业技能、工作年龄、相关经验、个性特点、健康要求等。

（1）学历资格指专任于某岗位应拥有的最低学历，包括学历和学力两方面。前者指一个人的学习经历，如毕业证书、相应的学位，后者指一个人的知识能力和学习能力。

（2）知识要求指任职于某岗位所应具备的知识，包括专业知识和特殊知识两部分。例如，在人力资源管理岗位上，员工首先要有人力资源管理专业知识，同时要具备相关的法律法规知识。

（3）资质证书指专任于本岗位应持有的专业职业资格证书，例如英语水平等级证书、会计证书、计算机等级证书等各种专业领域资质证书。

（4）专业技能指任职于不同岗位所应具备的基本技能和能力。基本技能指驾驶、外语听说读写、计算机、法律或者财务等方面的技能；能力则包括工作中的沟通能力、组织能力、领导能力、应变能力、协调能力、控制能力等。

（5）工作年龄指能够担任本岗位工作的年龄要求、年限要求，一般有一定的区间范围，主要针对中高层管理人员或者特殊岗位提出。

（6）相关经验指员工任职于本岗位时，应该具备的最低工作经验要求，由经验类型和经历时间两部分因素构成。经验类型主要指与岗位有关的知识经验背景，经历时间则包括企业内外工作的时间。

通过准确的调研分析和合理的内容安排，HR管理人员应整理一份能够让新员工在短期内融入企业的岗位职责说明书。

【范文2】岗位职责说明书

XX房地产企业策划部经理岗位职责说明书

1. 职务名称：策划部经理

2. 直接上级：营销策划中心副总经理

3. 直接下属：策划助理

4. 本职工作：策划方案的撰写和实施

5. 直接责任：

（1）统筹组织策划工作。

（2）负责有关市场策划方案撰写、广告方案撰写与编制，进行有效的组织实施和监控。

（3）对市场上有关信息和资料集中搜集整理，建立和完善信息资料库，为市场策略的制定提供有利依据。

（4）向公司提供市场租售策划方案，同时协助公司实施并进行监控。

（5）提供广告策划方面的报价，同时进行材料和市场动态的资料搜集和整理。

（6）编制市场推广费用计划，进行监控并及时呈报。

（7）负责展销会现场布置，并制订租售计划同时组织实施。

（8）协助人事行政部门，做好本部门员工招聘、考核和培训工作。

（9）积极配合公司不同部门的运作管理和协调工作。

（10）积极完成上司安排的其他工作。

3.4 做好工作设计，让新员工更投入

由于各岗位工作内容难度各异，新员工面对各自的工作任务，可能难以在短期内适应。HR管理人员在他们入职之前做好工作设计，可以帮助新员工更快投入工作。

和岗位职责的确定有所不同，工作设计更多着眼于组织和员工之间的必然联系，从企业整体需要和员工个人需要出发，对某个岗位在企业整体工作中的位置进行描述和表达。岗位职责说明一般确定了就不能随意更改，但工作设计在结束之后，可以根据客观情况变化进行再设计。一旦企业中某个项目的工作任务结束，或者决定改变工作方式，HR管理人员就需要着手进行工作的再设计。

A摄影公司的主要业务是摄影、设计制作艺术照片和冲印底片，公司共有50名员工，其中有8名管理员工。在设计部门，有1名主管和8名普通员工，基本工作是挑选相片进行艺术处理并装订成册。

在工作设计之前，新员工是这样熟悉岗位工作的：主管接受任务，将之分类，按照员工技术水平分派工作任务并制定期限完成，员工完成之后，主管必须检查所有产品并找出问题进行修补。在工作最为忙碌的时候，主管本人也需要完成部分工作。

多批进入该部门的新员工都难以真正适应岗位。首先，对主管来说，修补有问题的照片需要花费大量时间和精力，导致他几乎抽不出时间对员工进行培训和管理。其次，由于仅仅用数量来决定报酬的高低，有经验的

员工不满情绪加剧甚至因此选择辞职。新员工又不明所以，不知道自己究竟应该如何提高能力。

为此，该公司人力资源部门专门对设计部工作重新设计。经过设计之后，该部门分成两个组：写真照组、婚纱照组。每组均安排一名熟练员工担任组长，新员工加入后，根据能力、特长和兴趣选择进入哪一组，同时每名员工对工作质量负责，出现问题之后直接返回给本人，在组长指导下修改，主管不再负责指导修改。设计过程中出现问题时，由员工和顾客协商。另外，新员工的工资支付方式为"底薪＋难度系数"，难度系数由主管和老员工协同确定，难度越高，系数越大，工资越高。

这样的工作设计让新员工很快知道自己在岗位上应该做什么，整个部门的工作质量也大大提高了。

新员工进入企业后，如果频频出现工作效率低下、怨声载道等现象，很有可能是由工作设计失败引起。因此，想要让工作设计更有效，HR 管理人员必须对企业工作的全面流程更加熟悉，并在获得整个企业以及岗位所需要完成任务的详细信息之后，才能够选择正确的工作设计方式。

现代企业人力资源管理中，工作设计方法有以下几种。

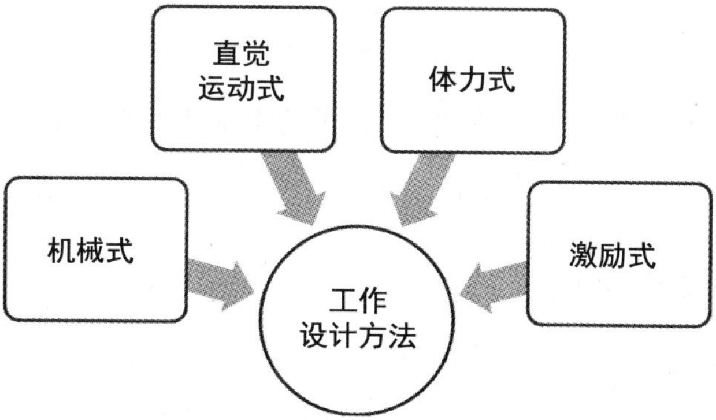

3.4.1 机械式工作设计法

机械式工作设计法主要着眼于提升新员工的工作效率，重点在于找到效率最大化、形式最简单的途径，对岗位工作进行组合，以便让新员工更快融入工作氛围。

使用这种设计方法，强调工作技能的简单化、任务的专门化，体现出工作的重复性，这样，无论新员工个人能力差别多大，企业也不需要着重依赖其中单个员工。反之，企业还可以通过快速而低廉的培训使新员工更快适应岗位。

机械式工作设计能够让新员工熟悉工作的过程更加简单、安全、可靠。

3.4.2 直觉运动式工作设计法

直觉运动式设计法更多关注人的心理感知和承受能力，确保岗位工作的要求不超过新员工的现有承受能力，并伴随其成长而逐渐提高。这种设计方法能够降低新员工信息加工能力的要求，从而改善新员工工作过程的可靠性、安全性。

3.4.3 体力式工作设计法

体力式工作设计法通常针对企业中体力要求较高的工作进行，目的是降低某些特定岗位工作对于工作者体力的需求，从而让更多新员工从入职开始就完成岗位上的工作。另外，这种工作设计方法还需要HR管理人员关注技术流程、机器操作等条件因素。

3.4.4 激励式工作设计法

这种方法适用于大部分企业为新员工进行工作设计。该方法基于人际关系理论和工作特征模型理论，主要通过工作的丰富、扩大和轮换，形成自主型工作团队，并提高员工的工作和生活质量，从而激励员工。当新员工面对这种工作内容时，更容易产生积极心态。

1. 工作丰富化

在设计岗位工作时，可以考虑适当在工作中赋予员工更多责任、自主权和控制权，这种工作的丰富并非简单地增加员工需完成的工作内容，而是垂直式的增加。这样，新员工会逐步面对更多工作任务、更大工作责任，并拥有更大的自主权和更高的自我管理程度，同时还能对工作绩效的反馈有更加的积极回应。

2. 工作扩大化

工作扩大化，即扩大新员工上岗之后所面对的工作任务和职责，在横向水平上提供更多任务，扩大工作任务的变化性。新员工原本面对的工作范围得以扩大，影响他们工作积极性的“枯燥重复”问题也将得到很大程度的改善，从而使工作健康且多样化。

HR 管理人员在进行工作扩大化设计时，可以使用延长工作周期、增加岗位工作内容和岗位负责制三种方法。

3. 工作轮换

良好的工作轮换也属于激励式工作设计的内容，新员工实习期可以在企业不同部门或同一部门内部对其工作进行调动，帮助他们获得更多的工作经验。

工作轮换方法能够帮助员工认识更多工作内容，减少他们对工作的片面认识，从而提高员工的工作积极性，帮助他们练就更多技能，同时提高对环境的适应能力，为新员工的职业生涯设计提供参考。

3.5 从心理上关注新员工

企业招聘之后，不少优秀的新员工进入工作岗位试用，但几个月之后他们中很可能有一些人选择离职，究其原因，是心理上的不平衡：在企业招聘过程中，新员工对企业产生了应有的期待，这些期待包括对企业、职位、人际关系和工作条件等方面的期待，但这些期待仅仅是招聘人员传递给求职者的，并不代表既成事实。当新员工进入公司后，有可能发现自己所期待的一切和现实都有很大距离。他们会处于不同程度的矛盾之中，有的人会努力调整心态以便适应工作环境，有的人则无法拥有良好的心态，进而萌发退意。

如果HR管理人员没有察觉到新员工的心理变化，经过思想和现实的博弈，一些新员工即使很快掌握了工作技能也会在试用期内离职，不仅会因此打乱企业的人力资源使用计划，还会造成公司招聘成本的大幅上升，并给原有工作人员的思想带来更大压力。

大成公司主营业务为商标申请代理、专利代理等，员工以指示性为主，最近，HR经理张旭发现，公司人员流动率越来越高，新老员工在搭配上明显不成比例，造成了原有业务骨干工作量过大，而新员工无法稳定下来，已经有老员工明确提出，如果不能加薪就会选择辞职。

带着这个问题，张旭向资深人力资源管理专家咨询，通过分析员工名单，专家发现了问题所在，2014年，公司总共流出人员数量达到17人，占当年大成公司员工总数的20%以上，其中有10位是在试用期内离职，占流出总数的59%，数量相当惊人。

进一步分析发现，这10位选择在试用期就离职的新员工基本上在同一个部门——申请部门。该部门的工作主要是向专利局、商标局等主管部门提出申请，工作单调乏味，通过了解又发现，该部门负责人在对员工管理的方法上过于单一、手段强硬，对下属缺乏人文关怀，引起了新员工心理上的波动。

最终，张旭决定着手从帮助新员工调整心理状态开始，解决该部门新员工离职率过高的问题。

正如案例中显示的那样，新员工在招聘过程中最先接触到HR管理人员，进入企业后HR管理人员是否就应该将他们整体“移交”给部门主管？答案必然是否定的。

新员工在进入企业之后，固然要接受部门主管的领导，但在潜意识中，他们依然将HR管理人员看作关于职位以及公司信息的重要来源，也是其期待的来源，HR管理人员在他们的心理状态来源因素中依然占据重要位置。此时，HR管理人员如何表现会直接影响新员工在岗位上形成的人际关系、工作表现，进而决定他们的去留。

为此，HR管理人员不仅需要完成岗位工作，更应该提高人际交往技能，给予新员工更多的关心和帮助，同他们真正成为朋友。然而，不少HR管理人员只是希望新员工进入公司之后就能马上产生效益，不愿意花时间对他们进行必要的关怀、引导和培训，忽略了对新员工心理状态的分析。

新员工进入公司后，通常会经历心理上的四个周期：兴奋期、震惊期、调整期和稳定期。兴奋期，意味着对企业产生的期待较高；震惊期，代表新员工发现企业现实和期待的差距；调整期，即员工试图改变自我心理和行为，适应其中的差距；稳定期，则是员工真正确定了自我的角色、内心的定位。

一般情况下，新员工离开的时间点主要集中在他们的震惊期和调整期，想要留住新员工，HR管理人员就要在这两个时间窗口做好对他们心理的“撬动”。

3.5.1 让新员工怀有理性的期待

HR管理人员应该在员工依然处于兴奋期时，通过培训和私下沟通，主动告诉员工企业的真实情况，其中既要有正面信息，也要有负面信息，从而促使员工对公司和自身的未来状态抱有理性的期待，减轻员工在未来的惊讶程度。

同时，还应该提醒新员工，不要过于相信非正规渠道的信息，并提醒他们远离公司内喜欢传播负面信息的小群体，因为小群体的信息传播通常都以负面内容为主，在传播过程中，信息会因为传播而被渲染、夸大。

3.5.2 进行多方面的培养和关心

即使经历了震惊期而没有离职，新员工依然会在调整期选择离职，这些员工在接受了公司的优势和问题的同时，也会思考下面这些问题。

（1）我在公司能否受到欢迎和重视？

（2）我的工作对公司的哪些方面很重要？

（3）公司对我有什么具体期望？

（4）我能否胜任岗位，并进行独立判断、创造价值？

（5）我能否在这里学到东西，并不断发展从而迎接新的挑战？

要解答这些问题，促使新员工迅速进入工作状态，HR管理人员应按照下面的顺序对他们进行帮助和指导。

工作第一天：

HR管理人员尽量在一上班就和新员工见面。在培训室或者会议室和员工进行非正式的交流，可以介绍公司历史、文化和一些无关紧要的“内幕”，即使只有一个新员工，也要这样做。尽可能向更多同事介绍新员工，介绍的场合可以随意一点儿，即使在走廊上遇到，也可以在不耽误同事工作的情况下稍加介绍。另外，HR管理人员可以和新员工一起吃一次午饭，进行一对一的真诚沟通，并请新员工答应自己：即使未来打算离开公司，也一定先找自己谈一谈。

工作第一周内：

可以偶尔去新员工集中的部门向部门主管了解新员工情况，抓住机会向新员工提问，例如“感觉工作如何”“工作上是否需要帮助”“公司状况和你的期待有什么不同”。和新员工身边的老员工谈话，鼓励他们多和新员工沟通。最后，与新员工进行非正式的一周总结。

3.5.3 帮助新员工规划职业生涯

当新员工即将进入稳定期时，他们大多对企业有了一定的了解，对自己岗位上的工作也有了自身判断，此时也容易出现跳槽情况。作为HR管理人员，在这个时候，应该依然保持对新员工的“朋友”身份。

（1）持续关怀新员工，为员工进行职业生涯规划。

（2）帮助新员工分析行业前景，使得他们了解并明确个人目标。

（3）为新员工展示更加全面的薪酬体系。

值得注意的是，在为新员工调整心理状态的沟通中，HR管理人员还能借助新员工的视角来发现问题，因为新员工对企业内部存在的问题往往看得很清楚。

第 4 章

立制度，定考核：用制度保证人尽其才

- 制定薪酬考核制度
- 员工转正、轮岗、换岗、离职流程
- 员工考勤、休假管理制度
- 员工加班、出差管理制度
- 选择考核方法，防止流于形式
- 执行考核流程，及时激励员工
- 规避考核问题与风险

4.1 制定薪酬考核制度

在日常工作中，薪酬问题经常让HR管理人员感到头疼，因为与薪酬的相关问题曾经“坑”过不少能力出色的HR经理。

4.1.1 薪酬陷阱

1. 薪资和能力的矛盾

部门经理：“你们招的都是什么人？最基础的事情都做不好，我怎么带着去干活？”

人力资源部门：“我们也没办法，董事会要求控制人力成本，工资结构就在这里，能招到人就不错了。”

……

在人力资源部门看来，员工是企业发展的资源，但在财务部门看来，员工薪资只是生产成本。为了控制成本，公司领导层自然会尽量压低员工薪资，这让薪酬制度的合理化背上了甩不掉的包袱。

2. 家族企业困境

老员工：“你们人力资源部门怎么定工资的？前两天才来的那个大学生，一个月3 500？他没什么工作经验，专业又不对口，凭什么比我高？”

人力资源部门员工：“没办法啊，那个大学生是老板的亲戚……”

在中国，带有家族色彩的企业不胜枚举，无论是碍于面子还是从现实考虑，企业老总也需要在薪资上有所照顾。但天下没有不透风的墙，消息传出去之后，员工马上就会感到薪酬制度的不公平，很多员工就会因此消极怠工，这对企业而言相当不利。

3. 薪资调整问题

员工A："听说了吗，销售部曹经理跳槽了。他可是销售精英啊！"

员工B："当然了，听说调薪本来是加20%，但老板想要照顾其他经理，只同意加10%。结果……"

调薪是企业内部最为敏感的事情，调整得好，企业整体效率得以提升，调整不好，则会造成人才严重流失。尤其是那些骨干员工，一旦他们在职业发展上遇到瓶颈，职位不能晋升，也就难以加薪，为收入考虑，他们只能选择离开。

4. 同岗不同酬

老员工B："我来公司四年了，现在一个月工资才4 000多，新来的那个小孟，跟我干一样的活儿，为什么他能定5 000的薪水？"

由于劳动力情况、市场情况和企业情况的变化，同岗不同酬的情况并不鲜见，面对这些问题，HR管理人员能够理解，但员工不理解，结果导致薪酬制度陷入困境。

5. 工资结构变化

车间组长："向大家通报一个坏消息，以后工资全部改成计件，做多少给多少钱，以前按工时定额的规矩又改了。"

由于企业的区域不同、行业不同、产品不同，面对的市场情况不同，工资结构经常需要调整。这也给HR管理人员制定和调整薪酬制度造成了客观压力。

6. 绩效考核是否有用

员工C："你们觉得公司的绩效考核到底什么意思啊？每个人要拿出

30%的工资来考核，不达标就扣钱，我看这是逼人走啊！”

近年来，不少公司都将绩效考核置入了薪酬制度，尤其在其中设置了明确而严厉的扣分制度，但奖励内容往往无法兑现，导致员工听到绩效考核就厌烦，认定绩效考核是为了公司扣工资而找的理由。

想要做好薪酬管理、克服上述场景的困难，必须有出色的薪酬制度，这样才能充分贯彻薪酬战略、实现薪酬目标，打造出优秀的组织制度框架。

4.1.2 设计薪酬制度的步骤

1. 确定企业薪酬总额

企业的薪酬总额是企业所有员工的工资、津贴、福利和奖金等项目的总和，这些员工不仅包括在职员工，同时也包括离退休员工。在确立企业薪酬总额时，首先应该考虑企业实际承受能力，同时也要对员工基本的生活费用、人力资源市场行情加以考虑。

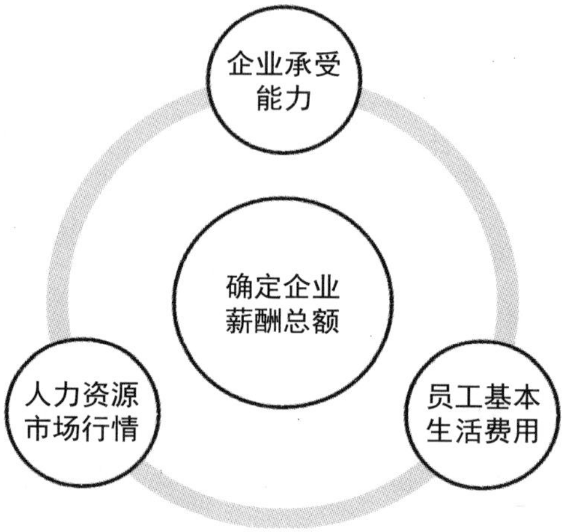

（1）企业承受能力。企业的承受能力应该从利用薪酬来提高员工工作效率、降低管理费用、降低成本费用和提高销售额等方面进行计算和考虑。

（2）员工基本生活费用。在确定这方面的薪酬比重时，需要考虑政府发布的物价指数、当地最低生活标准、当地平均生活水平、同行业其他企业员工基本生活水平等。

（3）人力资源市场行情。需要通过分析同行业其他企业的薪酬水平，根据人力资源市场行情和供需关系进行测算。

2. 制定薪酬结构

为了让薪酬制度更加科学系统，在确定薪酬水平时，应该先确定不同职务职级的薪酬水平、薪酬幅度和薪酬差距，然后形成薪酬的总体结构，并确定每个职位具体的薪酬水平。

在构建薪酬结构时，应该把握尽量简单的原则，一般企业除了底薪之外，大都会有职务津贴、奖金以及特殊职务津贴等，因此，在进行薪资结构设计的时候，要分析清楚不同项目在薪酬结构中的用途和比例。

薪酬 = 底薪 + 职称津贴 + 职务津贴 + 奖金

薪酬结构可以用“结构线”来表示，将不同职位上的工作相对价值列为分数，以此为横坐标，再以其获得的不同薪酬作为纵坐标，绘制的曲线就是薪酬结构线。

3. 确定薪酬等级与标准

结合企业的职务和岗位调研分析结果，再根据薪酬结构，可以将企业内众多不同类型的职务薪酬分别归并，组合成若干等级，构建薪酬等级系列。

在这一步骤，企业内不同职务的具体薪酬范围得以确定，可以尽量保证同薪酬制度下对员工足够公平。

4.1.3 薪酬标准设置四原则

完成上述步骤还不足以建立科学有效的薪酬制度，想要薪酬制度更有效地调动企业员工的积极性和创造性，还需要在实行过程中坚持以下原则。

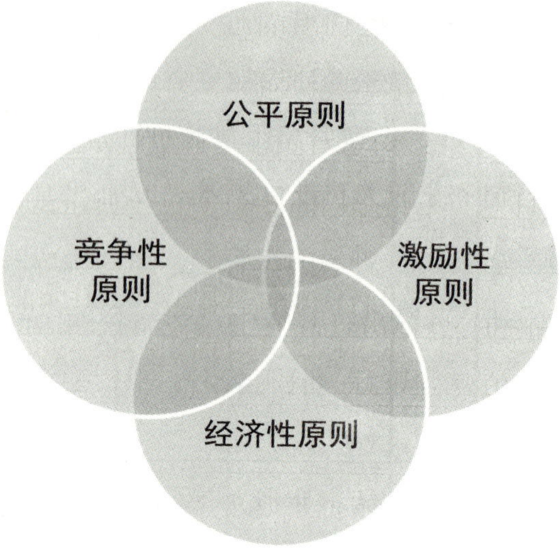

1. **公平原则**

企业员工是否认为薪酬制度真正公平是HR管理人员在设计薪酬制度时需要首先考虑的因素。其中包括三个层次。

（1）外部公平。同一行业、地区或相同规模的企业中，类似职务的薪酬应当基本相同，因为完成同样的工作任务，对员工的知识、技能和经验有着相似的要求，所要做出的贡献也相似。

（2）内部公平。同一企业内，不同职务所获得的薪酬应该和各自所贡献的价值对等。在同一薪酬制度下，只要其比例一致，就达到了内部公平。

（3）个人公平。同一企业的同一职务或岗位所获取的薪酬是否具备应有的公平。

为了达到上述公平效果，HR管理人员需要做到以下三点。

（1）薪酬制度要有明确而一致的原则作为指导，其依据的规范要能够向员工清楚说明。

（2）薪酬制度的形成要具备民主性和透明性，一般员工都可以参与薪酬制度的形成和管理，并能够对制度具有一定参与度和发言权。

（3）尽力为员工营造机会更加均等的公平竞争氛围。

2. 竞争性原则

企业的薪酬标准在社会上和人才市场上应该有充分的吸引力，这样才能战胜竞争对手，寻找到需要的人才。当然，究竟达到怎样的竞争力，也要考虑企业的财力、人力，薪酬水平不应低于市场的平均水平。

3. 激励性原则

激励性原则是为了在内部不同类别和职务的平均工资水平上适当拉开差距，从而体现出按劳分配、按价值分配的原则。

4. 经济性原则

在制定企业薪酬制度时，不可避免地要考虑到人力成本的问题，这是因为薪酬制度必然离不开经济上的制约。因此，HR 管理人员在计算人力成本时，既要看工资水平的高低，也要看员工提供多少绩效。

最后，企业的薪酬制度还应符合国家法律和政策。

在制定薪酬制度后，实施过程中也需要继续修正，根据企业经营环境的变化、整体战略的改变，适时调整薪酬制度，从而更好地发挥薪酬管理的激励作用。

4.2 员工转正、轮岗、换岗、离职流程

新员工初进公司都需要经过一段试用期的磨炼，其中也可能包括轮岗、换岗等过程，最终才能转正。转正是对新员工工作成绩的肯定，是企业接纳新员工的信号。

通过员工转正、轮岗和换岗等流程，新员工可以获得充分的工作评估，企业也能得到人员结构上的优化，HR 管理人员应积极完成转正考核流程，帮助员工获得重新认识自己和工作的机会，实现自我提升。

作为一家有57万员工的国有企业，中国移动内部的员工转岗流动规模庞大，其中，A类员工是中国移动创始力量，绝大多数担任高层管理工作；B类员工则是合同制员工，主要通过校园招聘和中国移动正式签署合同；C类员工是劳务派遣员工，主要由中国移动和人才市场签劳动合同，目前占据中国移动总员工人数59%，属于未来内部转岗、换岗的群体；而D类员工则属于外包员工，同样也是未来用工主体。

2015年开始，中国移动决定对C类劳务派遣员工进行内部转岗流动，其中优秀的员工可以转为B类，剩下的除了留在原职外，全部转为D类，到2016年2月，中国移动有二三十万员工离开C类岗位，一部分升为B类，另一部分则变成外包身份的D类员工。

虽然中小企业的试用、转正、转岗、换岗等规模并没有这么大，但依然需要遵循必要流程，坚持应有原则。

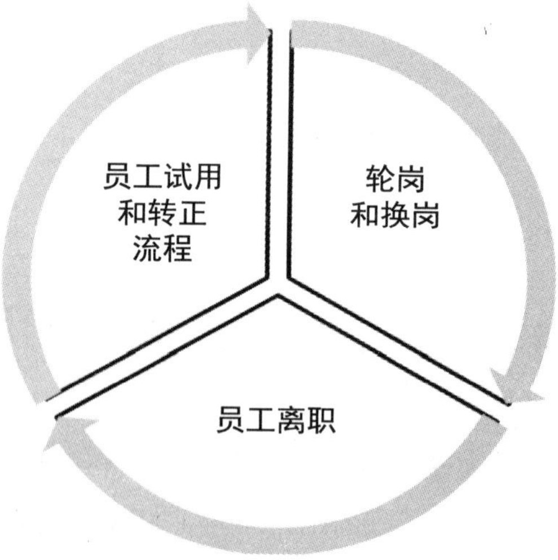

4.2.1 员工试用和转正流程

（1）所有新员工都必须通过试用期，试用期通常为3个月，但可以根据部门主管的意见适当延长或缩短。缩短后通常不少于1个月，延长后也不应超过 6 个月。

（2）在每月固定日期（例如 5 号）统计当月试用期已满的员工，形成名单并汇总成表格，发放给各个部门。部门经理根据员工表现做出决定后即可填写员工评估表、人事变动表，并交给 HR 管理人员审核，最后报公司总经理或董事长批准后生效。

（3）根据总经理或董事长同意的名单，由 HR 管理人员进行统计、汇总成为最终名单。根据转正名单向员工一对一发放通知函，并签订正式劳动合同。

（4）对于试用期内表现不符合要求的员工，可以结合部门经理建议，或者延长其试用期，或者提前 7 日通知并予以辞退，同时由人力资源部门发放解雇通知书。

上述所有通知书都应一式三份，正本由人力资源部保管，放入其个人档案中，第一副本交给部门保管，第二副本交给员工本人。

4.2.2 转岗和换岗

转岗通常指企业根据工作需要安排员工调换岗位。换岗，通常由员工自行提出，也可以是企业直接决定，针对在原岗位不适应或者不能胜任的员工进行有效更换。

对于自行提出转岗或换岗的员工，HR 管理人员可以按照下面的方法操作。

（1）由员工个人提出申请，所在部门经理同意并签字后，再经接收部门经理同意并签字。

（2）由员工向人力资源部门提出申请，并在转岗培训后进行考核。考核合格即可办理转岗、换岗手续。

（3）如员工的申请未被所在部门或接收部门批准，又或者转岗培训没有通过，则终止转岗、换岗。

4.2.3 员工离职处理策略

员工离职分为两种：解聘和辞职。前者是企业主动要求，后者则是员工主动要求。

1. 解聘工作流程

（1）由HR管理人员和用人部门经理进行细致沟通，找到员工绩效不佳的问题所在，并研究能否通过转岗让员工更好地发挥技能。如最终企业内部无法进行调动，只能终止合同关系。

（2）准备好被解聘员工的书面材料，包括员工的绩效考核表、不良记录，尤其应包括由于员工的错误造成的不良后果的记录，必须要有事件的日期、详情。万一事后发生纠纷，可以作为举证的资料。

（3）准备好离职材料、赔偿费用，包括由人力资源部门准备好的离职核对单、保密协议等文件，同时，还要按合同上的补偿规定对员工的赔偿费用进行核算。

（4）进入面谈阶段后，应整理好所需文件，并在预先安排的时间通知员工，面谈地点可以是会议室或休息室。在谈话过程中，一开始就告诉员工解雇决定，随后对事实进行陈述，根据书面材料清楚地解释企业辞退员工的理由，并向员工强调这是无可挽回的。

HR管理人员应该倾听员工的意见。一些被辞退的员工有可能在情绪上无法接受，并激烈地争辩，此时，面谈者必须保持冷静，点头或者用沉默来安抚员工情绪，避免发生争执。此外，被辞退的员工虽然言辞激烈，但也有可能传递出一些积极的信息，例如企业管理方面的缺陷，能够为HR管理人员今后的工作提供一定的价值，可以适当记录这些信息。

（5）当对方情绪平复之后，向他解释有关解雇的具体财务安排，包括赔偿金的支付、具体的赔偿算法、福利补偿等。如果存在争议，应该尽量耐心细致地和对方沟通，避免员工离职之后申请劳动仲裁。

（6）面谈结束后，员工按照企业规定办理离职手续，包括交回个人领用的办公设备、其他物品，企业也将薪资准备好交给员工。如果员工的问题不大，可以为他准备一封介绍信，便于他继续寻找新的工作机会。

2. 辞职工作流程

总体来看，员工辞职工作流程类似于解聘工作流程，但主动发起的一方是员工而非企业，因此，HR 管理人员必须建立更规范的辞职管理流程制度，避免由于员工的个人决定影响整个企业的运营。

一般规定，正式员工如因个人选择问题辞职，需要提前 30 天向人力资源部门提交书面辞职申请表或离职申请表，并由 HR 管理人员呈送相关领导审批。

在接到员工辞职申请之后，HR 管理人员应当及时和辞职员工沟通，对于那些业绩良好的优秀员工，应该及早进行离职面谈，充分了解其辞职的原因，并尽可能寻找解决办法予以挽留，从而减少企业因为员工流失造成的损失。

面谈开始之前，HR 管理人员应该准备好离职者的个人资料、离职申请书、以往工作考核记录表等，这样便于在谈话之前掌握情况，同时也能让辞职者感受到企业对他的重视。

在面谈过程中，HR 管理人员应该确定好面谈内容，要保持目标的明确性。在面谈中，应该重点了解的信息包括下面六个方面。

（1）离职后，个人职业生涯规划。

（2）离职后，本岗位后续工作如何开展。

（3）离职后，对所在部门或公司有怎样的合理化建议。

（4）对目前公司环境和内部人际关系的看法。

（5）对目前公司或部门内部管理方法与文化的评价。

（6）离职的真实原因。

围绕这些方面，要多用开放性的问题，不要用具有引导性或者笼统的提问方法，可以多问“为什么”“如何”“怎么样”之类的开放性问题，从而让离职员工充分表达自己的看法。

在离职面谈结束后，如果对员工的挽留依然无效，那么HR管理人员就要对他们的配合表示感谢，并将其离职申请交给企业高层审批。

需要注意的是，离职人员办理手续时，人力资源部门应及时对离职人员的工作岗位加以分析，并结合岗位职责和需求、企业的实际情况，确定采取何种招聘方式来弥补空缺。

4.3 员工考勤、休假管理制度

现代企业的人力资源管理离不开稳定严明的工作纪律，这既是形成企业内部凝聚力的必然要求，也是塑造企业管理体制和文化的重要过程。其中，HR管理人员主导的考勤、休假管理制度是不可忽视的重要手段。

考勤、休假管理制度关系到企业能否正常运营，同时又和员工个人的健康、心理和经济等切身利益密切相关，只有用制度来保障，员工才会真正关心企业、积极工作。其中，考勤管理制度是对员工出勤情况进行考察的制度，包括员工是否迟到早退、是否请假、是否存在旷工现象；休假管理则是企业对员工假期进行系统化管理的制度。

要做好考勤和休假管理，企业应该从下面的步骤做起。

4.3.1 做好准备工作

考勤管理工作需要做好前期准备，主要包括制度准备、考勤设备准备、考勤管理者人员落实准备等。

（1）制定企业考勤管理制度。

（2）根据考勤管理制度设计相关考勤方法，并准备打卡机等设备。

（3）做好考勤设备使用前相关员工的信息录入工作，并对应录入考勤系统的员工人数进行核对。由于有新入职员工和离职员工，这项工作需要不断进行调整。

（4）由 HR 管理人员通知全体员工，并告知他们考勤细则，做好必要的培训，防止出现错误操作。

（5）在考勤制度和考勤机上设置企业的工时制，例如有的企业采用综合计时制，有的采用标准工时制。

（6）落实部门中具体负责日常考勤记录的人员，包括不同部门的考勤员或人力资源部门的管理者。

4.3.2 出勤记录

需要有专人或专用设备真实记录员工的出勤时间，尤其要注意保留原始记录凭证。

目前，企业主要采用打卡或按指纹的考勤方法，每个员工使用一张 ID 卡或指纹进行考勤。其工作流程如下：

（1）设置基础数据，包括企业名称、使用年份、口令、密码等。

（2）设置企业内部不同部门信息，包括部门名称、考勤管理者权限、班次、上下班时间、假期日期、汇总表格样式、打印格式、核对格式等。

（3）输入人事档案信息，包括员工姓名、性别、ID 编号、在职状态、入职日期等。

（4）发放考勤卡，并请员工逐一领取、签收，同时做好记录。在实际刷卡过程中，负责管理监督的考勤员需要关注是否有员工忘记刷卡、是否有员工刷卡但未能显示、是否存在代刷卡现象、是否有员工请假、是否存在员工因为迟到而故意不刷卡，等等。

（5）人力资源部门每个月对员工的考勤记录进行汇总，整理出考勤汇总信息后交给每位员工签字确认。

（6）对员工确认后的考勤资料进行整理、归档，并提供给财务部门，作为企业支付员工薪酬的计算依据。

完成上述工作后，人力资源部门应该每个月做一次考勤资料的整理归档工作，一般按照部门进行整理，并按照档案的管理方式保存。通常情况下，保存时限为3年，当然，保存时间越长，对企业越有利。

4.3.3 请假审批和休假安排

HR在员工不能正常出勤时应按事假、病假、特殊休假、调休等情况上报领导批准。获准后，需要做的工作有：通知请假员工已批准的假期时间，或安排员工享受带薪假期，或安排员工在法定节假日休假。

假期种类及待遇如下：

（1）事假，即员工因为私事而不能正常出勤的假期，这种假期通常无法获得劳动报酬。

（2）病假，即员工因为生病需要就医，而申请一段时间停止工作的假期。这种情况下，企业和劳动者都要遵照国家或当地政府的有关规定执行。

（3）工伤假。员工因公负伤，被认定为工伤后，可以享受停工留薪期的待遇。工伤假一般不超过12个月，伤情严重者经过市级劳动能力鉴定委员会的确认，最多可以延长12个月。相关待遇以《工伤保险条例》有关规定为准。

（4）婚假、丧假，即员工在工作期间因结婚、丧事而获得的假期，其期限和待遇参照国家及地方政府法律法规。

（5）女性员工假期，包括怀孕假、产假和哺乳假，假期和保护期总共22个月，在保护期，企业不能以任何理由解除或终止其劳动合同，除非该员工有严重违反法律法规、规章制度的行为。同时，严格按照规定，执行女员工的工资待遇，HR管理人员也需要经常采取走访等形式，保持同女员工的联系，及时解决问题。

（6）带薪年假。根据《职工带薪年休假条例》《企业职工带薪年休假实施办法》确定，企业可以参考下例做法。

①新员工应从入职开始计算，新员工进入企业后的第一年，安排休年假时间截止日期为当年 12 月 31 日；从第二年开始，享受的年假天数计时段和全体员工自然年份计时段一致。

②企业应该做好年假凭证、书面记录，及时向员工发放年假凭证并签收，当员工提出休年假申请时，必须填写并提交凭证。

4.4 员工加班、出差管理制度

企业规模越大，加班、出差等情况就越多，对这方面事务的管理是 HR 管理人员日常工作中经常需要面对的，如果处理不当，也很容易让企业和员工之间产生潜在矛盾。加班、出差的管理制度需要 HR 管理人员认真对待。

4.4.1 加班管理

严格来说，加班是指员工根据企业要求，在法定节假日或者公休假日工作，加班费则是企业为此给付的额外工资。需要指出的是，加班通常有两种情况，一是公司安排，二是员工自愿。无论何种情况，HR 管理人员都应该制定一套规范的加班管理制度，否则就会出现问题。

下面案例中的事例即是由加班事务引起的企业内部矛盾。

某外企员工徐某和公司签订了一年期劳动合同，其职务为行政专员，公司确定徐某工作时间为每日 8 小时，每周 40 小时的法定标准工作时间，公司按照标准工时制度支付徐某工资待遇。

工作期间，为了不拖延工作，徐某经常在下班后主动加班完成任务。合同期满后，徐某表示不再续签合同，但要求公司支付其下班后延长工作时间的加班工资，共计 80 个小时，同时他还出示了一年内延长工作时间的考勤记录。

就此，公司告诉徐某，由于实行计时工资制度，同时并没有安排徐某加班，因此徐某加班行为属个人自愿，公司不能另外支付加班工资。徐某并不赞同此说法，并向劳动争议仲裁委员会提出书面申请，最终劳动仲裁委没有支持徐某的仲裁请求。

虽然徐某的主张并没有获得支持，但我们可以看到，之所以会发生这样的误会，浪费公司管理层的精力去应对，问题还是出现在人力资源工作不够细致上。企业必须要形成全面、统一的加班管理制度，才能减少类似的纠纷。

HR 管理人员在员工加班管理的工作中，要注意以下几点。

1. 严格控制加班时间

根据《中华人民共和国劳动法》的规定，企业应当控制劳动者加班时间，因此，在拟定企业加班制度时，以下内容必须写清楚。

（1）部门经理安排员工加班时，需要上报，并经总经理审批，同时报备人力资源部门。

（2）任何人如未经企业相关手续批准自行加班，则其考勤记录不能认定为加班。

（3）如果企业实行标准工时制，HR 管理人员应该建议企业规定平时下班后不轻易延时，法定节假日和公休假日不轻易安排上班。

（4）如果企业实行综合工时制，则加班一定要获得上级主管部门的批准，并做好倒班的考勤记录。

2. 加班时间需要经过双方认定

企业安排员工加班之后，实际工作情况不可能完全符合预期，实际时间有可能大于或小于预计时间，在加班之后，企业和员工之间需要确认，同时 HR 管理人员也能就此检查员工是否完成规定劳动量。

可以采用签字确认、打卡确认等方式，真实记录员工加班时间，并保存好资料，防止日后产生加班费方面的争议。

3. 在确认加班时间后，及时支付加班费

当员工签字确认加班时间后，HR管理人员应提醒财务部门一定要在工资表的“加班费”上有所体现，不能在月薪总数上合并支付，更不能忘记支付。

4.4.2 出差管理

加班是由企业提出的，同样，员工出差也是由企业发起的。HR管理人员需要先制定员工的出差管理制度，通过以后，各个部门可以在日常工作中按照制度围绕出差的相关注意事项布置员工逐一遵守和执行。

当然，理论上简单而明确的概念并不代表现实中管理就同样简单，下面的案例恰恰说明了这一点。

某电力设备制造企业由于业务调整，将公司销售员工X调往工作性质接近的另一个部门。由于X不认同调岗之后的薪资分配方案，反对在岗位调动单上签字，并且将已经有两边部门领导签字确认的调动单保留在身边。两个月之后，该员工以出差为名离开，一直未回公司。结果，原部门和新部门都找到了人力资源部门，要求拿出解决方案。

该公司HR经理了解后发现，X出差向来不需要书面批准记录，只是向其原分管领导打个电话请示即可，而这次出差，他也打了电话，虽然分管领导并没有明确肯定，但这期间，公司一直在给他发工资。这让HR经理工作陷入困境，X到底是按“惯例”出差，还是已经严重违纪而应根据劳动合同来解决？

该企业平时显然疏忽了对出差人员的管理。由于一直对人员出差没有书面审批记录，出差中的考勤无法确定，而且员工始终在领取工资，有更加看似合法合理的理由，因此会拒绝承认自己的旷工事实。这导致即使最后结果提交到劳动争议仲裁委员会，企业依然处于被动位置。

通过这个案例，HR管理人员应当认识到，出差管理属于日常管理工作，但很可能在企业表面平静的运营管理之下形成漏洞，并招致未来的大麻烦，在出差管理工作中应当注意以下三点。

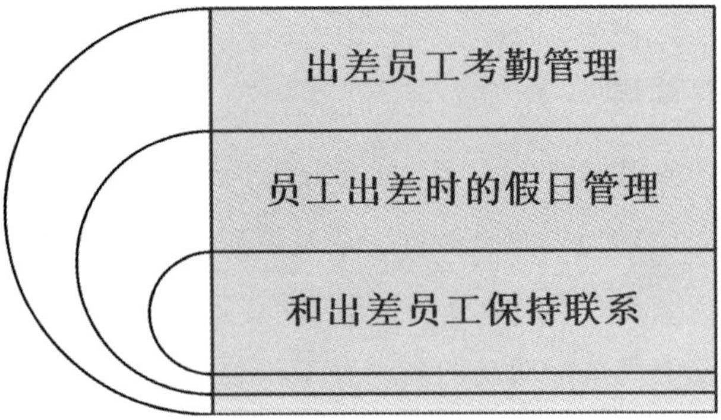

1. 出差员工考勤管理

员工出差之前需要按照规定将出差审批表填写完整并上交，HR管理人员批准后通知部门考勤员和人力资源部门开始按照出差情况处理考勤。员工出差结束回到公司后，HR管理人员需要及时通知其他部门和人力资源部门按正常上下班情况记录考勤。

2. 员工出差时的假日管理

员工出差时间稍长，会碰到周末休息日或法定节假日，要提前在管理制度中做好相应规定，并负责对员工进行解释、认定等工作。同时，如果员工在出差过程中坚持工作，没有休假或者假期依然在途中，则应该在条件允许的情况下安排出差员工回公司之后补休。

3. 和出差员工保持联系

如果条件允许，应该由HR管理人员或部门经理每天和出差员工联系一次，这不仅是工作业务上的需要，也能够借此了解员工在外工作的情况，例如是否有意外、是否有需要，从而确保企业可以及时了解情况。尤其是长期在较远地区出差的员工，更要注意联系的畅通。

另外，如果出差员工长期在外，HR 管理人员有必要代表公司以简单的问候电话或走访形式慰问员工家属。

4.5 选择考核方法，防止流于形式

员工考核是企业中每个员工个人发展的重要依据，也牵涉他们的家庭幸福，从组织发展来看，考核也有助于经营者一目了然地掌握企业中每个员工的工作业绩。因此，无论企业规模大小，HR 管理人员都应该积极建立并推行员工考核制度，严格执行。

通过对员工的考核，HR 管理人员能实现具体的管理目的，其中包括：检查并改进员工现有的工作绩效，提供反馈信息；为员工晋升和加薪提供依据；能够确定员工培训和人力资源投资的需求；能够为 HR 管理人员改进自己的工作提供方向。

腾讯的绩效考核相当科学严谨。

在腾讯公司，绩效考核分为 S、A、B、C 四个等级，分别对应优秀、良好、合格和待改进，制度规定不同等级比例分别是 5%、40%、50% 和 5%。对于其中考核结果为 S 级的普通员工、基层干部，腾讯授予“腾讯优秀员工”“腾讯优秀基层管理干部”荣誉称号，并通报表彰、召开表彰大会进行颁奖，同时发放奖金、奖品等。对于考核结果为 C 级且部门评估为不合格的普通员工，直接辞退，如果部门评估为待改进，即制订强制绩效改进计划，根据员工实际情况，进行培训、转岗和降薪等处理，如果连续两次考核结果都是 C，将做辞退处理。

相比员工，基层管理干部的考核更加严格，对于考核结果为“待改进”

的基层管理干部，腾讯各个部门也会根据绩效差距制订绩效改进计划，并进行管理辅导、专项培养计划，如果两次考核结果都是“待改进”，将会根据实际情况做免职处理。

腾讯作为中国互联网企业中的巨头，对员工的考核工作自然相当严格。但是即使在中小企业供职，HR经理同样需要做好考核工作，才能达到人力资源应有的管理效果。

一般而言，员工考核主要包括下面四个方面的内容。

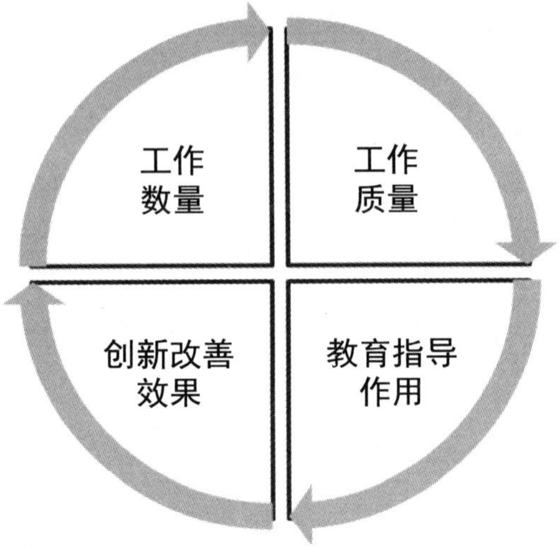

1. 工作数量

工作数量包括具体工作量、投入的时间和资金。公司中绝大部分岗位的工作业绩都能够量化，并以上述三个方面的维度进行统计。

2. 工作质量

工作质量包括任务完成是否正确、及时，多大程度上和工作计划目标一致，是否接受了其他同事的帮助，工作报告内容的评价。

3. 教育指导作用

对下属的教育指导产生的效果、对下属进行管理的效果、对团队部门领导产生的业绩效果等。

4. 创新改善效果

员工在完成本职工作过程中，对业务流程的改进和完善效果，是否积极采用了新思想、新办法并取得了何种效果。

针对上述考核内容，主流的考核包括：目标考核法、KPI 考核法、BSC 考核法、360 考核法、岗位职责考核法、VPG 考核法。

4.5.1 目标考核法

目标考核法主要围绕团队年度任务目标和岗位职责目标，目标的设定需要符合 SMART 原则。其中，S 代表 Specific（明确的）、M 代表 Measurable（可衡量的）、A 代表 Action Orientation（目标完成过程）、R 代表 Realistic（现实的）和 T 代表 Timebound（时限性）五个方面。

目标考核之前，需要完成下面的工作步骤。

（1）各部门形成团队和岗位工作目标。

（2）员工各自草拟自己的工作目标，并形成行动计划、衡量标准和完成时间。

（3）主管和下属共同讨论，并达成共识。

（4）确定工作目标的协议，由公司和部门经理、部门经理和员工签订。

（5）明确考核标准和时间。

【附表 10】 员工目标管理考核评价表

部门：　　　　员工：　　　　岗位：　　　　考核期：

一、主要绩效目标与评价						
序号	绩效目标	权重（%）	完成期限	考核标准	实际完成情况	评分

（续表）

1						
2						
3						
4						
5						

二、重大贡献或者重大失误加减分			
序号	典型事项说明	加（减）分	备注
1			
2			
3			
			累计得分：

三、绩效改进			
序号	有待改进之处	改进、提高的措施和方法	评估期
1			
2			
3			
考核负责人（签字）			
被考核人员（签字）			

4.5.2 KPI 考核法

KPI（Key Performance Indicators，关键绩效指标）考核法即对公司或组织运作过程中关键成功要素进行考核的方法。这种考核法能够抓住最重要的考核指标，围绕企业长远目标控制岗位和部门的工作过程，将企业的长远发展与部门和个人的运作相联系。

KPI 考核重在从战略指标开始将整体层层分解，在部门层面形成关键考核指标，此后部门在此基础上继续分解完善，最终落实到员工个人的考核指标上。

下面是 KPI 考核的具体操作流程。

（1）确定业务重点。在企业会议上分析企业业务重点，即价值评估重点，随后利用头脑风暴法找出其中的关键业绩指标，即企业级别的 KPI。

（2）分解出部门级 KPI。各部门主管从企业级 KPI 中获取部门级 KPI，并确定相关要素目标，以便建立评价指标体系。

（3）分解出个人 KPI。各部门主管和员工进一步将 KPI 细分，获得员工考核的要素和依据。

（4）设定评价标准。其中，KPI 是指从何种方面衡量或评价工作业绩，解决“评价什么”的问题；而标准则是指在不同指标上达到何种水平，解决“被评价者怎样做”的问题。

（5）对 KPI 进行审核。通过审核，确保这些指标能够全面客观地反映被评价对象的绩效。

4.5.3 BSC 考核法

BSC 即综合平衡计分卡，这种计分方法通过财务和非财务考核方法之间的相互补充，对员工绩效的考核上升到企业战略层面，从而使之成为企业经营战略的实施工具，并实现定量和定性、客观和主观、短期利益和长期利益之间的平衡。

平衡计分卡主要从四个不同的侧面，对员工绩效进行全方位的监控和管理。

1. 财务角度

财务角度的考核主要解决以何种形象展现给股东或投资者。具体包括下面几种。

（1）净资产利润率。评价获利能力，即为股东带来更大价值回报的能力。

（2）利润率。评价公司收益能力、市场表现。

（3）销售收入。评价公司收入规模、增长速度，实现公司业务合理增长的能力。

（4）净现金流量。评价公司获利质量、持续经营能力、降低公司经营风险的能力。

2. 客户角度

重点考核以何种形象展现给客户的因素，具体包括下面几种。

（1）客户满意度。综合评价公司、部门或员工在为客户提供产品过程中的表现。

（2）产品质量投诉次数。评价企业运营中对部门、员工的质量控制效果。

（3）验收合格率。评价公司产品、服务质量能够满足客户的比率。

3. 内部流程

主要考核企业、部门和员工个人经营管理效率的高低，包括两大因素。

（1）管理制度的规范性。部门、员工对制度执行是否科学规范。

（2）流程执行效果。部门、员工对企业流程制度执行的效果。

4. 学习与发展

主要考核员工是否真正获得了培训和成长，包括下面几点。

（1）关键人才培养计划。评价不同部门培养关键人才的效果。

（2）内部培训落实率。重点考核公司内部培训计划落实的情况。

（3）外部培训落实率。主要考核从外部引入的培训计划情况。

4.5.4 360考核法

360考核法又称全视角考评，考评对象不仅包括被考评的员工本人，还包括员工的上级、同事、下级和客户，将全面考评综合分析得到的结果及时反馈给员工，从而改变员工行为、提高绩效。

为了提高 360 考评的效率，还可以进行部门之间的考评，通过《部门间满意度评估表》来实现。下面是部门之间的评价标准。

A：非常满意，提供的服务超越常规标准。

B：较为满意，提供的服务质量高、速度快。

C：可接受，提供的服务偶尔能够高于常规标准。

D：不满意，提供的服务基本上无法达到常规标准。

E：非常不满意，提供的服务显然无法达到标准要求。

通过上述评价，HR 管理人员能够集中不同部门的意见，形成对不同部门的考核结果，指出需要改进的目标和重点。

4.5.5 岗位职责考核法

岗位职责考核法主要用在职能部门，受职能部门工作特点所限，其考核相对简单。原则在于，以岗位考核为基础，明确定义岗位工作达标的标准，列举出岗位应该遵循的制度和流程，确保岗位职责清晰、规范。

下面以财务部岗位绩效考核表为例。

【附表 11】 财务部岗位绩效考核表

姓名		岗位	出纳	任务期间			
考核项目	考核指标	指标定义	考核目标	分值	评分标准	考核结果	得分
资金管理	现金收付准确率	现金日清月结，报销及时准确	100%	15	每出现一次错误扣 2 分		
	银行收付准确率	资金收付准确	100%	15	每出现一次错误扣 2 分		
工资发放	工资发放及时性	每月 16 日前及时发放工资	100%	10	每延迟一次错误扣 1 分		
	工资发放准确性	发放工资金额要准确	100%	10	每出现一次错误扣 2 分		

（续表）

资金日记账	登账及时性	现金、银行日记账的及时性	100%	10	每延迟一次扣1分		
	登账准确性	现金、银行日记账的准确性	100%	10	每出现一次错误扣2分		
财务报表	财务报表的及时性	按时按质上交相关财务报表	100%	10	每拖延一天扣2分，扣完为止		
	财务报表的准确性	报表数据准确无误	100%	10	每出现一次错误扣2分，扣完为止		
综合评价		评价工作态度和工作能力		10	工作态度积极，各项工作能够及时完成		
合计				100			

4.5.6 VPG考核法

VPG考核法主要针对大型企业中存在相关共同利益的部门、岗位，并将之捆绑在考核中。例如，某个项目贯穿研发、实施、售前、销售和售后等部门，想要实现之间的互相配合与协作，VPG考核法就是非常有效的手段。

VPG考核法的主要步骤如下：

（1）成立临时项目组，确定项目负责人，全权开展工作。

（2）规划项目分工、人员责任，经过讨论确定项目达标之后采取怎样的奖励模式、奖金分配方式。

（3）对在项目推进过程中所投入的员工进行工作业绩追踪。

（4）按照所承担工作重要性的排列顺序，定期核定岗位、部门。

（5）在项目验收后，进行结项总结，由项目负责人按照重要度和贡献度发放项目奖金。

对于一些中小企业，还有如下更为实用的考核工具。

1. 关键事件描述

关键事件描述指用重大事件来对员工绩效进行表述，便于对重要管理岗位的员工进行考核。步骤重点如下：

（1）挑选出一段时间内该员工所完成的重大事件。

（2）挑选出最好的、最差的和最具创新性的事件，搜集材料，汇总上交。

（3）由考核委员会对关键事件进行比对，并加以考核。

2. 五级量化分解表

五级量化分解表历史悠久，但始终具有旺盛的生命力，不少企业在考核时，会为所有员工都准备这样的通用表格，由其上级领导直接凭借主观印象打分。其实，这种考核工具更多适用于服务性岗位。步骤重点如下：

（1）设计出专门的“五级量化分解”考核用表。

（2）在表中预先列出和绩效高低有关的因素，包括态度项、能力项、实绩项。

（3）对每个绩效因素进行定量，分数范围为 1 ～ 5 分。

（4）由部门主管在对应的绩效因素上打分，并提交给 HR 管理人员。

【附表 12】 五级量化分级表

绩效因素	极差←分数值→优秀				
	1	2	3	4	5
工作质量（30 分）					
工作数量（20 分）					
业务知识（10 分）					
团队合作（10 分）					
忠诚度（10 分）					
工作主动性（10 分）					
出勤（10 分）					
合计					

这种考核工具的优势在于考核成本极低，既不用培训考核人员，也不用费力搜集数据。但其最大的问题在于打分标准模糊，打分人的主观立场太过明显，因此只适用于工作表现容易判断的岗位。

3. 个人排序

个人排序是列出公司不同业务、不同部门的个人排序顺位，而这种排序顺位是单维度的，犹如评优评奖。例如，评出最佳业绩奖、最佳出勤奖、最佳团结奖。步骤要点如下：

（1）确定衡量的量化指标，例如销售额、出勤率、废品率。

（2）根据统计档案，直接以优劣情况排序。

（3）从具体的排序表现出优秀和不足。

虽然这种考核方式简单易行，但需要注意的是，如果仅仅采用评奖评优的方式，容易显得片面单一。

当然，上述考核模式和工具并非固定不变，绝不能因为考核而考核，例如，在实际制定考核方法的过程中，可以将 KPI 和 BSC 模式融合提炼，最终形成适合公司的实际考核流程。

4.6 执行考核流程，及时激励员工

绩效考核流程应当具备明确具体的行动步骤之后才能实施，并将其中每个步骤都列为作业单元。

在开始考核之前，HR 管理人员需要对考核流程的操作步骤开展培训和专项辅导，只有这样才能确保完整、迅速地完成考核流程，起到及时激励员工的作用。

依然来看腾讯考核的流程。

腾讯人力资源部门在每个季度结束时，开始对员工进行考核。

首先，由人力资源部门发布启动考核的通知和进度安排。在一周之内，每个员工都通过公司内部的 OA 系统提交工作总结（包括季度总结、半年总结），并对自身工作业绩进行评估。

4 个工作日后，由员工的直接上级根据员工提交的工作总结，对员工的自评进行修改和调整后交给部门经理，确认员工考核。

接下来 4 个工作日内，由业务单元的总裁或者副总裁对考核结果加以确认，随之提交给人力资源部门。由 HR 管理人员将考核结果整理并反馈给每位员工。

下面介绍通常情况下企业考核的总体流程。

4.6.1 确定考核组织架构和考核分工

（1）由公司管理层和 HR 经理组成绩效考核委员会，即绩效管理的最终决策机构，其中，总经理担任主席，负责执行考核管理制度中的审核批准、年度绩效目标制定、年中绩效目标调整审批和年终绩效考核结果审核确认，并处理考核中的特殊事项。

（2）人力资源部门是绩效考核的日常管理部门，在考核中负责制定制度、解释和指导政策、对考核工作进行组织实施、发布考核通知、对考核过程监督审核、对考核结果收集和确认并进行汇总。

（3）不同业务部门负责具体的考核，并及时提交考核成绩，同时，还应执行公司绩效考核委员会的决议。

4.6.2 确定考核周期

先观察企业的运营情况，确定考核周期，通常情况下，可以月度、季度或年度为周期进行考核。一旦确定考核周期，可以将年度目标再进一步分解，具体到季度和月度部分，从而最终形成并明确每个月的考核目标。

4.6.3 选择考核模式

同一企业可以针对不同的职位选择不同的考核方法。根据企业职位分布的特点，打造属于企业的个性化考核模式。

针对高层领导、销售人员，可以采取目标考核方式，企业和他们签订年度任务书，从而确定考核目标并加以分解；针对中层经理，可以选择 BSC 考核，从财务、客户、内部经营、学习和成长四个维度来考核，每个维度内也可以分解；针对研发技术人员，可以采取 KPI 考核方式，包括研发进度、质量要求和成本要求；针对职能部门，则使用岗位职责，包括实行岗位达标标准，达标则不扣分，不达标则扣分。

4.6.4 执行考核

由人力资源部门下发考核通知，各部门分别进行考核，考核后提交考核结果。

考核成绩上交后，由人力资源部门初步审核，在初步审核之后，提交给绩效考核委员会。

4.6.5 考核后面谈

在绩效考核委员会最终形成绩效考核结果后通知各个部门，并由部门经理和下属围绕考核结果进行面谈沟通。在面谈沟通之前，HR 管理人员应该对部门经理和主管进行以下培训。

（1）面谈应强调坦诚沟通、认真分析问题。

（2）做到对事不对人，避免用评价的标签。

（3）适当多听，让下属表达内心真实的意见。

（4）不要和无关人员进行比较。

（5）及时总结合理化意见，形成绩效反馈意见，并及时、系统地加以总结。

考核后面谈的核心目的不只是完成考核程序，还在于通过双向的沟通及时、迅速、有效地将情况传达给员工。通过沟通考核内容，使员工明确之后的工作方向和目标，使他们的工作表现更好。

4.6.6 绩效考核

在考核沟通之后，如果员工对考核结果有较大的异议，可以通过所在部门向人力资源部门提出申诉。在接到员工申诉之后，HR 管理人员应该指定相关人员再次进行评估，并提供给员工合理的解释。

对于申诉的资料、结果应该进行跟踪处理，并及时存档和备案。

【附表 13】 员工绩效考核申诉表

申诉人		岗位		所在部门	
考核者		考核期间		考核成绩	
申诉理由	申诉人： 日期：				
申诉证据 调查纪要					
考核者说明 （提供证据）	考核者： 日期：				
申诉处理 意见人	人力资源部： 日期：				

（续表）

审批栏	人力资源总监：　　　　日期：

4.6.7 考核结果的分析与应用

HR管理人员应该认真分析并评估绩效考核结果，然后进行归纳与总结。下面是考核结果的通用分类标准。

A级：业绩突出，薪酬的职级应该上调，增加绩效工资。

B级：业绩良好，加大培养的力度。

C级：业绩达标，加大培训的力度。

D级：进一步提高，需要对员工培训辅导，并制订和落实学习计划。

E级：表现差，需要转岗或者解聘。

上述七大步骤是普通的月度、季度或年度考核流程，除此之外，企业人力资源管理工作还需要强化专项考核工作，将二者有机结合起来。

典型的专项考核意味着以任务书、项目奖等形式对某个部门、某些员工进行的单独考核。其中，项目奖主要包括项目考核制度形式，或单独项目单独奖励方式。一个项目的负责人可以通过《项目奖励政策申请表》经由HR管理人员向企业提出目标奖励申请，一旦项目结束并达标，就能够由公司兑现奖励。

如果为企业制定统一的项目奖励制度，应设置下面五个考核要素。

（1）项目进度：项目的明确进程要求、验收进度要求等。

（2）项目质量：是否符合公司的质量标准。

（3）项目成本：包括人力成本和差旅费用的花费等。

（4）项目实施的规范性：实施过程中，对公司提出规范的遵循程度。

（5）客户满意度：对客户进行满意度调查，根据结果来确定。

另外，项目目标奖金的多少应该和项目成本的节约程度、项目进度目标奖挂钩，并按照一定百分比确定具体奖金数额。

4.7 规避考核问题与风险

企业需要具体的机器设备作为生产运营工具，避免日常生产中出现安全问题，同样，对员工的绩效考核也离不开规避风险，否则就很容易遇到下面这种情况。

C公司成立不久，是一家小公司，2015年年底，由于公司全年业绩不错，老总决定提前开展对全员的绩效考核工作，并准备颁发奖金。在公司会议上，老总特别指出，公司的每个员工都代表着公司形象，都会和客户打交道，因此所有人的考核标准都要有具体的客户分数。例如，生产部门的员工满足了用户对产品的哪些需求、市场部门的员工带来了多少新客户，都是计算员工业绩的标准。

然而，怎样考核公司前台小唐的工作成了人力资源部门的难题，她入职一年来，工作没有特别优秀之处，但也兢兢业业，每天按部就班地完成日常服务工作，包括来访者登记、打电话、问候、会议室服务等，现在，按照老总的要求，HR经理打算对小唐进行绩效考核。

究竟应该如何考核前台小唐的工作？HR经理想了不少方法，似乎都不合适。

这种情况在许多企业的人力资源管理工作中均不同程度出现过。

众所周知，员工绩效考核是现代企业常用的人力资源管理手段，很多企业在发展到一定阶段后，都会注重考核的科学性和效果，但其中也有不少部门管理者、企业老板甚至HR经理，对绩效考核是否有效持怀疑态度。其实，问题不在于绩效考核是否有效，而在于如何解决绩效考核中的问题，一些企业盲目开展绩效考核，既没有提前选择正确的考核方式，也缺乏针对不同岗位的风险化解方案，自然难以获得良好的效果。

在开展绩效考核之前，应该全面观察了解考核工作中可能出现的问题，做到心中有数，并积极预防，才能消除不同岗位、不同员工在考核实践中的隐患，以免影响员工绩效考核的最终效果。

在企业员工绩效考核过程中，有可能出现两方面的问题。

（1）考核的争议问题，包括考核的公平性问题、考核争议处理问题和考核结果公示问题。

（2）考核的实施问题，即考核有怎样的依据、怎样的指标，以及如何计算、如何避免人为干扰。如果对上述因素加以细分，又能发现更多隐患因素。

在上述两方面的问题中，HR 管理人员更应该提前预防实施过程中的问题。下面是不同问题的现象和解决方法。

4.7.1 依据问题

依据问题包括依据的工作记录、考勤记录和工作业绩等数据的统计不准确，依据的制度规范没有及时更新，在填写、输入和搜集考核资料数据过程中，花费了太多成本导致考核结果无法及时输出等。

下面分析 HR 管理人员着手解决问题的方法。

1. 解决资料数据不完整问题

HR 管理人员应该明确考核所依据的资料数据范围，包括业务上的（某个部门、某个项目）、地域上的（某个大区、某个市场）、时间上的（某个月、某个季度或某年）等。

为此，应该指派专门人员在考核实施前完成资料数据搜集和整理工作。

2. 解决统计数据不准确问题

HR 管理人员一方面应该在日常工作中向部门经理提出要求，由专人负责工作记录、考勤记录、工作业绩数据的搜集、核对与审核工作。

另一方面，对部门经理的考核标准中，同样应该包含有统计数据准确程度的标准，并严格考核负责统计数据填写和录入的员工，出现问题则需要落实责任人，并给予应有的惩戒。

3. 解决制度规范更新不及时问题

HR 管理人员需要从自身工作和人力资源部门做起，定期及时更新绩效考核制度和规范，并在完成更新之后及时向每个部门发布公告。此外，人力资源部门还应和其他部门建立联动机制，及时监控绩效考核制度的运行情况，对落实情况进行规范，发现问题要及时提交修改建议。

4. 解决数据资料搜集成本问题

通过和企业高层、财务部门的沟通协调，做好财务预算，严格控制数据资料搜集过程，让费用支出和使用保持在合理范围内，从而避免资料搜集成本过高。

同时，还应加强企业各部门资料保管人员的责任意识，尽量节约和控制成本，才能实现整体上的成本控制。

4.7.2 考核指标问题

考核指标有多个种类，虽然方便对考核进行量化，但也造成了考核指标容易出现代表性不强、目标设定不当、指标数量选择不合理、不同级别的考核指标相互脱节等问题。

其中具体问题包括：指标代表性不强，即为部门或员工选择的考核指标不能真实反映被考核者绩效水平；指标目标值设定不合理，目标值设定过高，员工无法完全做到，或目标值设定过低，无法激发被考核者的潜力，影响工作动力；指标数量选择不当，当考核指标数量太少时，导致考核缺乏全面性，而考核指标数量过多时，则会导致被考核者顾此失彼；指标关联性不够，员工在完成某一级考核指标时忽略了上一级指标的要求，导致上级考核指标难以落实。

针对这些问题，有如下解决方法。

1. 指标代表性不强

在确定考核指标之前，HR 经理、部门经理和员工代表应该尽可能充分沟通，争取共同确定考核指标，并能够和其中每个被考核者可能达到的业绩水平紧密相关。

在实际考核过程中，不要单纯片面地抱着考核指标不愿意改变，一旦发现指标存在不合理现象，应该及时纠正。

2. 目标值设定不合理

企业高层、HR 经理、部门经理和被考核员工应该协商确定适当的绩效目标；在考核结束之后，应该及时围绕目标合理性做好总结与分析，修正其中不合理的绩效目标。

3. 指标数量选择不当

HR 经理与被考核的部门经理进行沟通和确认，确保最终的考核指标数量适宜，同时能够真实、全面地反映被考核者的绩效水平。

4. 考核指标脱节

采用分解方法，严格按照企业、部门、项目组和员工的层次，对工作目标和绩效考核指标层层分解，从而得出科学、完整、针对性强的绩效考核指标。

4.7.3 计算问题

在对绩效进行考核的计算过程中，经常会出现的问题包括：计算方法不科学，导致考核结果难以真实反映被考核者的业绩水平；计算公式使用错误，导致考核结果不准确；计算中所使用的不同数据单位出现误差，导致考核数据可比性不强，考核结果失真。

面对上述问题，建议 HR 管理人员用下面的方法调整应对。

1. 计算方法不科学

在考核实施前，提前确定负责计算的考核者，并邀请有经验的老员工或人力资源专家对考核者进行实际培训、测试，解决考核计算方法等有关问题。

在考核实施过程中，设立专人负责制，对考核结果进行全面或抽样检查核对，发现计算方法不科学时要及时纠正。

2. 计算公式使用错误

提前将考核需要的公式通过文本或邮件方式发送给参加培训的考核者，有助于他们对计算公式的熟练使用。考核计算工作启动后，宣布明确的奖惩措施，严肃处理错误使用计算公式的员工并再次培训。

3. 计算单位不统一

在考核前，召集考核管理部门和各部门相关责任人进行简短而有效的沟通，强调计算单位统一的重要性，在考核过程中随时对结果进行比较、分析和审核，一旦出现计算单位不统一的现象，要及时纠正。

4.7.4 主观问题

在企业的绩效考核实施过程中，主观问题是最容易在不同阶段出现的，这既是因为考核不可能离开人的因素，或多或少总会出现误差，同时也是由于部分企业的 HR 管理人员缺乏经验，对主观问题没有做好应有的防范。

下面是主观问题的产生原因和解决方法。

1. 定式误差和首因误差

所谓定式误差，是指在考核过程中，部门经理或更高层的考核者依据既有的经验和习惯，根据对部门、员工和事情的片面看法得出考核结果。这种误差的出现必然会给考核工作带来消极影响。

想要消除定式误差的不良影响，首先应该注意向考核者提供全面充分的信息，利用这种信息优势尽早消除他们头脑中产生的思维定式，减少考核结果的偏差，随后再选取有客观依据的定量指标提供给考核管理者，引导他们站在更新、更高的角度对员工进行考核。

首因误差主要是指通过初次接触部门、员工、项目等之后产生的第一印象影响了考核者做出判断。这种影响体现在两方面：如果考核者对被考核者第一印象良好，就会在考核中对其打出超过实际情况的分数，反之，如果考核者的对被考核者第一印象不佳，就很容易在实际考核中对其各方面评价较低。

想要消除首因误差，除了要做到定式误差解决方法之外，还要注意酌情选择不同的考核者进入考核委员会，这样才能起到均衡作用，从而将第一印象误差的不良影响降到最低。

2. 居中误差和偏松偏紧误差

居中误差源于考核者倾向于对所有被考核者都给出相互接近的评价，导致被考核者的绩效考核结果无法拉开差距，最终几乎所有的被考核者都集中到中间等级，而只有较少的人被“分配”到高等级或低等级。

和居中误差类似，偏松偏紧误差是指在考核过程中，考核者对考核标准掌握程度不同，结果出现过松或过紧的评价标准，导致被考核者整体获得的评价较高或较低。

想要消除居中误差和偏松偏紧误差，就要在绩效考核开始之前确定采用强制分布法考核被考核者，从而消除居中误差不利影响。

强制分布法又称为硬性分布法，是指企业在对员工绩效进行评估时，按照“两头小、中间大”的正态分布规律，事先规定不同等级的评估结果在总数中所占比例，然后根据实际情况的优劣区分被考核者，强制列入其中某个等级。

美国福特公司在2000年就采用了强制分布法进行考核，员工被分为A、

B、C 三个等级，其中 A 和 C 分别占 10%，B 占 80%，其中 A 等员工能够得到晋升机会和更多奖金，B 等员工次之，C 等员工无法获得奖励，还会面临被解雇的风险。事实上，2001 年美国 20% 的公司已经采用强制分布法，其中有《财富》500 强企业中的 25% 左右，一些大企业也都在运用不同形式的强制分布法，还有一些企业运用从高到低排序的考核方法，有的则应用四分法，即将所有员工以各占 25% 的比例分为四个档次……

不过强制分布法并非适用于每家企业，其重要前提是员工的能力和业绩确实属于正态分布，如果属于偏态分布，则不适合使用强制分步法。

3. 压力误差、暗示误差、对比误差和近因误差

这几种误差的产生，主要来自于考核者心理上受到的影响，导致结果出现偏差。

压力误差是指在考核过程中，由于考核结果的重要性，加之对被考核者会产生薪酬与职位方面的重要影响，再加上对人际关系变化的担忧等，部分考核者会做出比平时偏高的评价。

暗示误差是指考核者接到考核任务后，有可能在企业领导、专家、重要员工等人的语言和行为暗示下，主动形成自己原来并没有的想法，或者改变自己原先的考核倾向，结果导致误差出现。

对比误差是指在考核过程中，负责考核的领导、员工习惯于用自身欣赏或接受的工作方法、能力、习惯、性格作为标准，并以此衡量被考核者，考核结果也会出现偏差。例如，考核者本人办事果断，那么他会认为办事速度快、效率高的员工有更出色的工作能力和绩效，而那些办事速度稍慢的员工，即使在其他方面有过人的表现，也很可能被忽视并只能得到低分。

近因误差是指由于受到记忆规律的影响，考核者大多对近期发生的事情印象深刻，并进而根据被考核者最近的工作表现做出评价，忽略了被考核者在整个工作期间的表现。这种误差对被考核者积极性的挫伤最严重，

并会对其身边更多员工造成负面影响。

想要消除上面这些负面影响，除了要加强对考核者的培训引导外，还要分别提前用针对性强的举措进行预防。

为避免压力误差，人力资源部门必须请企业最高层向参加考核的成员及时说明，保证对考核过程和结果保密，尤其需要说明：考核结束后，由 HR 管理人员和被考核者进行沟通，不需要考核者出面，这样，考核者内心的压力影响会降到最低，排除后顾之忧才能让他们更加客观公正地打分。

为避免暗示误差，除企业的考核制度要落实到位外，还应该调整考核评估的次序，先让考核者进行评估判断，再请企业高层领导或相关权威人士表达看法、加以总结。为了确保这一点，HR 管理人员应该在适当的场合向高层说明次序的重要性，并请他们保持应有的客观性和中立性。

想要减弱对比误差和近因误差的影响，HR 管理人员应要求各部门在平时就做好员工日常工作表现的记录，同时还要采取月度、季度、年度等不同的考核周期，对被考核者进行多样化考核，从而客观公平地做到综合评估，更加客观地反映被考核者的绩效水平。

第5章

会调整，善疏导：建立顺畅的沟通渠道

- 如何与员工巧妙沟通
- 沟通渠道多样化：西门子沟通模式
- 如何构建立体畅通的沟通渠道
- 跨部门沟通的原则
- 扮演好向上沟通的角色
- 如何处理“办公室政治”
- 如何准确发布公告、通知

5.1 如何与员工巧妙沟通

在互联网经济时代，市场竞争的加剧、人和人关系的改变、企业内部组织结构的变化、客户关系管理手段的不同……无一不让管理者意识到，人力资源才是企业的第一资源，企业的发展和员工的成长无法分开，只有提升员工的素质、获得他们的忠心支持，企业的绩效管理才能不断增强。

人力资源管理需要真正明白“以人为本”的重要性，让员工充分参与管理活动，既能实现组织目标，也能实现个人价值。HR 管理人员要找到和员工正确对话的方式，并确保通过和员工的对话，形成更加稳定扎实的沟通。

摩托罗拉公司的人力资源管理文化是其发展的重要优势，而这一切基于对员工的尊重。在某些阶段，公司会放弃一些业务，但他们从不忽视和员工的沟通，体现在人力资源管理上，该公司的 HR 管理人员始终将肯定员工个人尊严的理念作为指导工作的准则，非常注重和员工的谈话，让员工感到自己和 HR 管理人员、和整个公司管理层之间都是朋友甚至家人的关系。

美国芝加哥郊外曾有一家制造电话交换机的霍桑工厂，该企业薪资水平不错，还有着较为完善的医疗和养老金保障体系，以及便利的生活设施，然而，该厂员工依然带着负面情绪工作，业绩很不理想。

为了印证人力资源管理过程中谈话的重要性，美国相关专家花费了两年时间，在该厂进行了一次“谈话实验”，主要形式就是由人力资源专家找工人谈话，总共谈了两万多人次，在谈话过程中，专家只能耐心聆听工人提出的意见，并详细记录，而不能质疑工人的不满。

不久，这一谈话实验取得了明显的效果，霍桑工厂并没有采取任何实际的改变措施，但产量大幅提高。原因是工人们长期以来虽然对企业的管理制度有着种种意见，但无处表达，谈话实验却很好地引导了他们，让他们把不满全部发泄出来，进而感到心情舒畅，生产积极性也提高了。

在访谈实验的执行过程中，人力资源专家和心理学专家仔细分析了工人们在交谈中的怨言，发现他们的表达和其内心的想法并不是一回事。例如，有位工人在多次谈话中表现出对计件工资制度的不满，但是经过进一步谈话了解才发现，他其实是在为支付妻子的医药费担心。

根据以上案例，研究人员认识到，员工对个人所关注的问题过分在意，就会影响工作效率，因此，管理人员必须了解他们的问题，尤其需要 HR 管理人员参与其中，扮演能够倾听和理解员工的访谈者，能够更加热心地了解员工，从而促进人际关系的改善、员工士气的提高。从小的方面来看，谈话能够避免员工内心的误会与冲突，从大的方面来看，谈话还可以保障组织内部分工合作的顺利进行，促进组织团结进步，加强组织对其中个体的凝聚力和向心力。

事实上，由于种种原因，HR 管理人员往往更看重企业的制度规章，而没有意识到谈话工作的责任重大。想要拥有不同一般的人力资源管理效能，HR 管理人员必须做出以下努力。

5.1.1 加强倾听技术

倾听技术是决定和员工谈话效果的关键性技术，也是从一开始就建立良性关系的关键步骤。和员工谈话时，不仅仅是用耳朵去听，更重要的在于用心去尊重员工的表达，设身处地地感受。这就需要 HR 管理人员听懂来访者表达的内容，更要听出来访者在交谈中没有表达的内容，需要重视的是，在中国人的传统意识中，告密行为是为人不齿的，因此经常会有员工即使内心有所不满，也会用“还行”等语言搪塞，HR 管理人员不能满足这种表面上的一致性，还要看懂其背后的潜台词。

例如，当交谈内容牵涉“项目进程延期”这件事情时，员工会有以下不同的表达方法。

· 项目延期了，里面有问题。

· 我参与的项目被扣了。

· 领导延期了我的项目。

· 真倒霉，项目延期了。

从这些不同的表述中，可以洞悉员工的自我意识和内心变化，其中第一句，员工只是在客观描述事件，这种员工将自我立场放得比较端正客观；第二句，员工是在责怪自己，代表在这件事情上他们在自省、自责，甚至是自卑；第三句，员工潜意识认为项目延期是领导的问题，这种员工可能在推诿责任，容易出现攻击态度；第四句，则带有“认输”的色彩，说明这种员工随波逐流，没有什么具体的态度。

做一个良好的倾听者，并非只是一味倾听，还应在合适的时候肯定他人，并及时提出问题，激发员工更加鲜明的态度。这样，不仅能够增加员工的信任感和满足感，还能够提高HR管理人员的判断力与辨别力。最重要的是，越是积极倾听，就越能为随后的谈话奠定基础。

5.1.2 谈话应具体化

在和员工谈话时，HR管理人员有时候会陷入无法继续谈话的困境，究其原因，很大程度上是因为缺少具体化的问题。下面介绍解决之道。

1. 提出问题

一些员工在谈话中，只要触及自己的问题都会用模糊、含混的字眼，例如“工作太忙了”“公司压力太大”，这是因为员工自己可能也没有意识到具体问题，他们只是被周围的情绪所笼罩，并因此深受困扰。如果不能及时明确问题，这样的情绪会不断蔓延，影响到其他员工的工作。因此，在和员工谈话时，HR管理人员的任务是设法引导员工找准问题所在，将模糊的情绪具体清晰地表达出来。

例如，员工在谈话中似乎无意识地说道：“今天真倒霉，很心烦。”

此时应该抓住时机，循循善诱：“能说说到底发生了什么吗？”

这样，员工就会像聊家常一样说出自己的工作责任太大或者工资低等困难。

通过提问，HR 管理人员能够将员工埋藏在内心的感受具体化，也加深了对员工认知方式与工作特点的了解。通过这种具体化，员工也会发现，其实自己担心的问题并不严重。

例如，HR 管理人员发现某个员工对参加工作以外的集体活动并不积极，他就此提出疑问，员工解释说，这是因为自己出身农村家庭，从上学开始就无法完全融入城市生活，而且在部门中，自己的业绩考核从来没有拿过最优秀的 A。

于是，HR 管理人员问：“你想想，你们部门有 29 个人，只有 6 个人拿过 A，是不是其他人都无法融入集体？你再想想，我们公司有一两百人都是农村走出来的，我们的 X 副总也是贫困山区走出来的，他们是不是都要自卑？你再想想看？”

经过这样的提问，员工表示自己一直没有很好地思考和理解，这么一想，的确是自己想错了。

这样的案例说明，提问不仅能够打开和员工谈话的局面，更能帮助员工自我观察和认识，将抽象观念与模糊情绪具象化，从而化解他们对企业的模糊情绪，避免员工内心的对抗。

2. 面质谈话法

在谈话中，应该避免和员工探讨概括性的问题。之所以要进行一对一的员工谈话，目的就是解决存在于个人身上的问题，避免从个人向组织扩散。

为了能够唤起员工对个人问题的注意，就需要使用到面质技术。

面质技术，又称为质疑谈话技术。在生活中，质疑谈话很容易导致对立情绪，但在 HR 管理人员和员工的谈话中，又必须合理使用这样的谈话方式。通过这种方式，能够协助员工促进对自我内心的挖掘，激发他们放下潜意识中的防备心理，面对真正的工作现实，并在此基础上进行有建设性的认知和工作行动。

例如，HR 管理人员如果发现员工的言行不一致，可以使用面质技术。

HR 管理人员："你说你很喜欢这份工作，但你的上司发现你并不喜欢面对客户提出的一些挑战性工作。"

HR 管理人员："你刚才还说自己对本部门的人际关系满意，为什么现在却又抱怨下属不团结？"

HR 管理人员："你总觉得 XX 对公司来说没有多大贡献，但我认为老板并不是这么想的。"

……

使用面质技术固然能够起到正面效果，但使用时必须谨慎、适当，既不能过分顾虑而不使用这一谈话技术，也不能过分使用引起员工不满和对立。

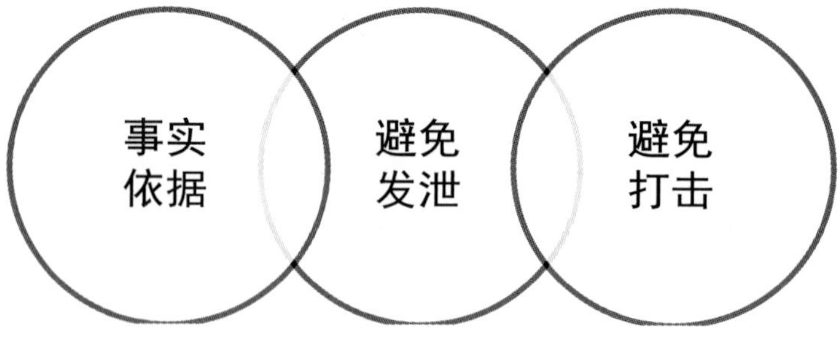

在使用面质技术时，下面几点需要注意。

（1）事实依据。选择面质技术，需要有一定的事实依据，只有事实充分、能够迅速向对方列举出证据，面质才具有不可反驳的力量，并激发员工正向的反思。

（2）避免发泄。不要让你的面质在员工看来像是个人情绪发泄，或者攻击批评对方，而要让员工感到你的确是在澄清和解决问题。因此，面质的语气和用语就很重要，例如“你究竟打算怎么样”“你怎么能不履行诺言”之类的话显然不适合用在和员工的谈话上。

（3）避免打击。面质并不是打击，质疑的原意是向对方指出问题所在、矛盾所在，而打击则缺失了对员工的理解和关怀，直接将面质当成表现HR管理人员能力和地位的机会。HR管理人员绝不应该无视员工的感情，片面地使用，导致员工难以招架、颜面尽失。

例如，质疑员工的业绩可以用稍微委婉的方法说出：“你认为自己已经尽力了，但其实你的潜力是否真的只有这么点儿？”而采取打击的说法如：“你觉得自己对得起工资吗？你每年的考核为什么是最差的？”这种面质谈话，更像是在法庭上进行对抗辩论，而不是专业的谈话。

5.1.3 谈话现场控制

和员工的谈话，不论具体时间和地点，其方向、内容都必须在HR管理人员的控制之下，这要求HR管理人员必须计划好谈话方向、谈话问题以及谈话时间，另外，控制好谈话内容，不仅对提升自我工作效率有重要帮助，也能更加迅速高效地启发员工，从而提升员工对HR管理人员工作的评价和对企业管理的信任。反之，如果人事谈话经常漫无边际，员工会感到厌烦，并降低他们对HR工作的关注和支持。

控制谈话方向和内容的技巧很多，可以随机应变。

1. 解释法

当员工表达完看法后，HR管理人员可以征得对方的同意，然后将对方的话进行归纳总结，并在解释完之后“顺便”提出下一个问题。这样做能够让员工感到问题提出的自然性，由于问题出自于对其观点的解释，员工也愿意顺着自己的思路继续思考。

员工：“公司考核不公平，我很不满。”

HR管理人员：“是的，你的意思是，考核的不公平影响了你的利益，那么能告诉我是哪个环节出现问题造成了这种现象吗？”

2. 中断法

在和员工的谈话中，员工有可能因为积压的负面情绪过多、过于激动而喋喋不休。此时，最好不要强行终止他的倾诉，相反，HR管理人员可以帮他倒杯水，也可以请他提交一份资料，或者建议他换一个地方重新开始谈话，等等。

通过中断现有谈话，转移其注意力，无形中帮助对方调适心情，真正投入客观的谈话中。

3. 情感激发法

与前一种谈话方法相反，当员工因为太过“冷静”，或者责任心不强，又或者并没有认识到与自身利益相关时，他们自然会对谈话的主题缺乏兴趣，甚至抱着可有可无的心态看待谈话。此时，如果HR管理人员自顾自地强调问题的严重性或者一味询问员工，只能得到似是而非的推脱答案，不妨有意识地“激”一下员工，例如“有人觉得你对这个问题无所谓，你怎么想”“你之所以一直不表态，是不是觉得自己的能力根本无法考虑到这个事情”，这样，对方的情感会有所激发，而话题也会引入主题。

当然，使用这种方法要注意时机，如果是初次和某个员工谈话，建议不要使用。

4. 引导法

这种方法通常是经验相当丰富、能够随机应变的HR管理人员擅长的，建议在刚开始使用这一方法时，将想要讨论的话题列在一张纸上，随着谈话的推进，逐渐将这些话题引入，每完成一个话题可以做出标记，并提前做好下一个话题的预计安排。

5.1.4 同理心谈话法则

同理心谈话法则是国内外HR专家认为的最关键谈话要点，尤其在国内，企业内部的矛盾往往有多样化的表现形式，员工和员工之间、员工和部门之间、部门和部门之间、员工和领导层之间、领导层和领导层之间、领导层和部门之间……如果再加上合作伙伴和客户等矛盾来源，则情况经常会更加复杂，面对如此错综多样的形式，HR管理人员必须抓住“理解员工”这一黄金法则，多去理解谈话对象，站到情感共鸣的高地上才能获得谈话成功的先机。

同理心谈话法则包括两个方面：情感方面和理性方面。

1. 情感方面

情感方面是指HR管理人员应该进入员工的内心世界，了解员工真实的情绪反应以及由此产生的真实想法。

对员工来说，情感的“同理心”立场起码能够让他们感到自己被尊重、被接纳，从而达到心情愉快、舒畅的状态，在这种状态下，员工才乐于自我表达和探索，进而达到自我了解的程度。

例如，某员工在接到公司调令之后感到迷茫，在和HR经理的谈话中，他这样说道：“公司派我去国外进行调研，一去就是两年，可我从大学毕业之后，就没离开这座城市，家人、女朋友、好友都在这里，现在去那里一点儿准备都没有。公司能不能派其他人去呢？”

在这种情况下，HR经理应该首先在情感上理解和关怀对方，如果你的回答是：“不对啊，出国工作是好事情啊，很多人想争取还争取不来呢，你太傻了。”这种答案根本没有考虑对方的情感态度，谈话自然也就起不到应有的作用。

2. 理性方面

HR管理人员有必要在情感共鸣的基础上客观考虑，从有利于企业发展的角度出发，顾及员工的个人利益，然后帮助他们思考其面对的问题究竟“是什么”和“怎么办”。

同样是上面的问题，如果只是简单地安慰对方，表示理解员工离开家人和好友的难处，也能够理解其内心的恐惧不安，却没有拿出具体的办法，那么谈话还是难有成效。

例如，HR经理简单地说：“我理解你的担心，但你在公司很优秀，属于重点培养的未来骨干力量，我相信你能够圆满完成公司指派的任务。”这种回答或许在情感上能够解决对方一些需要，但等员工“明白”过来，依然感觉HR经理只是在拿官方语言搪塞他。

又如，HR经理看似支持地说：“要独自去国外进行市场调研，的确有不少困难，但我们要相信‘世上无难事，只怕有心人’，只要你的方法到位，就能成功。”这样的谈话依然空洞，只是指明了一个大方向，削弱了员工继续理性分析的动力。

不妨采用这样的谈话方式：“是的，你以前学业和工作都很顺利，但局限在这个城市，现在突然要出国，在异国他乡开展工作，的确不容易，我非常理解。当时我也曾经面临同样的问题……现在我们可以来分析下，你目前遇到的问题包括哪些？有家庭方面、社交方面和事业方面的，公司又能够给你提供哪些方面的援助？如果你选择出国，你会在面对挑战的同时获得哪些机遇？如果你放弃，那么你失去的将是未来哪些可能？等我们做好这些分析，相信你再做决定也不迟。”

在这种谈话的氛围引导下，员工首先会在情感上得到补偿，感到自己是被理解、尊重和接纳的，其次他们感觉自己获得了良好的思路支持，具备了进一步观察、思考和尝试的勇气。这样，双方良好的沟通关系就通过一次谈话建立起来。

5.2 沟通渠道多样化：西门子沟通模式

企业文化能否有效发展，离不开企业氛围的正面影响，同样，HR 管理人员在企业中的工作是否得力，也不仅限于个人的努力程度，还在于是否能身体力行地为企业建立上下畅通的沟通渠道。

HR 管理人员必须了解，没有充分沟通的渠道，就没有成功的管理，在企业内部建立良好、全面和个性化的沟通渠道，能够使每位员工都真切地感受到沟通的乐趣，也能让所有员工感觉工作更加轻松，有了这样的企业氛围，能够让企业中的每个人抓住机会，迅速消除困惑，借此增强整个企业的凝聚力和竞争力。

西门子是一家著名的跨国公司，在人力资源管理上，该企业 HR 管理人员努力改善其管理方式和行为，打造开放式的沟通模式，建立良好的企业氛围和环境。为此，在历任 HR 管理人员的努力下，西门子建立了全面的员工沟通渠道体系。

5.2.1 媒体沟通

西门子内部伴有许多媒体，这是传达不同信息、进行企业内部沟通的重要渠道，这些媒体包括《西门子世界》《西门子之声》以及不同业务集团主办的分支沟通杂志。

其中，《西门子世界》是西门子面向全球员工创办的内部沟通刊物，负担着沟通整个企业员工的重任，其杂志中包括封面故事、业务、团队、合作、趋势、社会和家庭等。

《西门子之声》则是西门子（中国）的内部刊物，由人力资源部和公关部负责编辑出版，其中包括新闻回顾、人物写真、领导才能、创新前沿、万花筒、十点聚焦等栏目，这份杂志也起到了沟通西门子中国员工的作用。

5.2.2 内部网站

在西门子内部，网站也同样是高效且覆盖全面的沟通平台，任何有关公司的最新消息，会第一时间在其内部网站上更新，再加上市场的最新报道、公司的政策变化、领导层向员工发出的信件等内容，也都会及时发布，确保每位员工在第一时间获取最新消息。

另外，西门子人力资源部门在网站上建立了专门网页，凡是刚入职的新员工都能够登录网页，并更快地融入公司。为了服务好所有员工，人力资源部门的网页还设置“合资工厂”“不同地区”“外国员工”等不同的链接，再加上日常的招聘、培训、出差、发展和投诉等内容，构成了全面、系统的沟通平台。

另外，西门子内部网络还有强大的员工电邮系统，任何员工都能采用Email形式和其他人保持联系，这样的方式也显得便捷、科学和高效。

为了让全世界所有西门子员工都能了解公司最新信息，西门子还为他们建立了“今日西门子”在线平台，这一平台不仅包含企业的主体新闻报道，而且还有交互式的聊天室、讨论板和投票调查栏目。

5.2.3 员工对话

在西门子，每位员工至少每年都要和其上司进行一次非常系统的对话，这种对话被称为CPD员工对话，那些表现突出的骨干员工，其对话更是受到整个企业的高度重视。人力资源部门负责组织对话，通过对话的过程和结果，企业能够更加了解员工的想法，并且针对对话中暴露的问题形成管理方法。只要员工愿意，他们也随时能够找到上司或者HR经理对话。如果员工认为必要，他甚至可以越过自己的直接上司，与企业高层直接沟通。

5.2.4 员工沟通信息会

西门子公司每年至少要开一次员工沟通信息会，在会上，包括员工集体、管理层集体等多方都会共同讨论，讨论重点包括公司政策、员工福利、职业发展等，形成多方共同沟通和探讨的局面，这样，企业能够广泛听取不同利益方的意见。

5.2.5 新员工导入研讨会

新员工被看作西门子的新力量，为了他们，西门子专门开设了新员工导入研讨会，公司 CEO 会亲自参加每一期会议。在会议上，由他带领不同部门的领导，专门向新员工介绍企业文化和公司背景等信息，直接和员工面对面交流，帮助他们在短期内建立对整个企业的全面印象。

另外，无论是新员工培训，还是骨干员工培训，或者是升职过程中的经理人培训，都是西门子公司内部的沟通机会。在几乎所有的集体培训上，公司的 CEO 等高层领导都会亲自参加，并由人力资源部门安排讨论和提问时间，确保他们能够和所有员工进行一对多的集体交流。

5.2.6 员工建议

这一制度同样让西门子引以为豪，HR 管理人员积极鼓励员工向公司提出合理化的建议和意见，希望他们能够为改善公司的管理和业务发展出谋划策。

西门子用怎样的标准看待员工建议？ HR 管理人员向董事会提出员工意见，主要通过三方面来判断：费用上、时间上和质量上。

例如，员工 A 提出的建议能缩短外国员工的签证时间，员工 B 提出的方案能帮助西门子每年在同一类型项目上节约 5% 的成本，员工 C 提出的计划能提高西门子的产品和服务质量……只要类似的建议被员工提出并被高层采纳，就能获得公司的奖励，奖品从小礼品到十余万元现金不等。

通过员工建议制度，西门子营造了非常活跃的气氛，在HR管理人员的带动下，所有员工都获得了充分的积极性。更重要的是，无论员工的建议是否能够被公司正式接受，这样的沟通为所有员工提供了参与管理、展示个性的机会，充分调动了每位员工的工作热情。

【附表14】 员工提案卡

提案人： 部门： 日期：

提案项目	
类别	1. 合理化建议（ ）2. 技术革新（ ）3. 其他（ ）
目前状况及问题	
改善意见及实施说明（可以另附具体方案）	
效果估计	
经费估计	
以下由鉴定小组和实施部门填写	
初审意见	1. 采用（ ）不采用（ ）
	2. 申请专利（ ）不申请专利（ ）
	3. 出专著（ ）不出专著（ ）
	4. 综合评价
	5. 提案奖元
实施跟踪情况	
实施成果及鉴定	
效益奖	

5.2.7 员工满意度调查

西门子每年在全球各地的公司都会进行员工满意度调查。一般情况下，会为此成立由 12 个人组成的调查小组进行员工满意度调查，这个小组负责从启动、操作到实施、结论的所有工作。为了确保调查活动的多样化，小组成员每年都要更新。

通过上述这些有效的沟通渠道，西门子内部始终不会成为一潭死水，相反，员工之间传递着信息、思想，因而整个企业能够保持活力、灵活敏锐。

5.3 如何构建立体畅通的沟通渠道

无论规模大小、发展到哪个阶段，不少企业都会遇到如下问题：内部沟通机制虽有，但不健全，沟通渠道虽具备，但不全面，结果造成这些企业的管理层无法在第一时间听到来自底层的声音。

究其原因，通常有两种：第一，沟通渠道太简单，员工即使有意见，也无法及时表达，就算表达出来，也无法传递到管理层；第二，因为沟通渠道太少，员工认为根本就没有必要从正式的渠道提出，“管理层本来就不会认真对待”，还有可能造成更坏的后果。这样，企业人力资源管理工作中本应具备的沟通任务就成了“走走过场”，原本存在的问题不仅没有得到及时发现和解决，反而因为日积月累导致大量人才的流失。

这一局面的形成固然有其长远背景原因，但如果 HR 管理人员能够通过合理渠道，了解企业员工的真实想法，及时对之进行协调和调整，就能够最大限度地避免不必要的员工流失。

想要建立企业内部全面、完整、有效的沟通渠道，需要从以下方面入手。

5.3.1 建立多方位的沟通机制

几乎每个企业在其发展和壮大的过程中，都会遇到沟通渠道不通畅的问题。一般而言，当企业机构越来越复杂，管理层次越来越多，人事管理的职能就会模糊化，沟通效果就会变差。同时，由于沟通渠道的欠缺，当高层指令还没有传导到执行层的时候，就已经变形走样，而底层员工的建议和意见也无法传递到高层，即使传到部门经理层次，其真正意义和作用也已经所剩无几。

因此，HR管理人员应该建立全方位沟通机制，必须摒弃那种单向沟通模式，不能将沟通渠道看作“下命令”的方式，更不能只是由上司向下属发布命令、HR管理人员向各个部门要数据要资料，而员工的反馈和意见却没有人听取。这种单向沟通模式对员工的监督和管理没有帮助。

打造全面立体的沟通渠道，必须拥有多角度、双向和多级的沟通理念，在企业内部应打通管理层和部门领导、部门领导和普通员工、管理层和普通员工、普通员工和普通员工之间的多层次沟通交流渠道，要让员工因为这种多向化的体制而认识到，管理层愿意聆听他们的想法，他们所做所想的一切都会被关注，这样，每位员工才会有参与企业发展变化的愿望。

5.3.2 正式沟通

正式沟通是指在企业内部按照一定的组织原则进行信息传递和交流。例如，部门和部门之间的文件来往、上下级之间的文件传达、会议召开、上下级之间的定期谈话。

采用正式沟通来搭建企业内部主要的沟通渠道，是因为能够获得较好的沟通效果，正式沟通的形式严肃、具有较强的约束力，容易保密，也能够让信息沟通始终保持应有的权威性。因此，在企业内进行重要信息传达、组织决策的传递等，通常都应该采取这种方式。当然，其缺点在于正式沟通依靠组织系统的层层传递，因此这样的沟通渠道比较刻板，速度较慢。

下面是正式沟通的主要类型。

1. 纵向沟通

首先应该关注的是企业中的纵向沟通，即顺着企业的命令方向所进行的向上或向下的沟通。其中，向下沟通是从企业最高管理层开始的，通过不同的管理层次向下流动，类型包括命令、指导、通知、建议、评价等，通过这样的沟通，能够将企业整体的目标和相关支持信息提供给每位员工。

与此相对应，向上沟通是指信息从企业的执行层向较高的管理层流动，其类型包括建议、解释、报告、请求等。HR 管理人员要帮助企业管理层认识到，在组织内上行沟通和下行沟通同样重要，通过上行沟通，员工才能有机会向上级反映问题，企业的领导者可以更准确地了解员工在想什么、做什么。这样，有效的上下行沟通才能形成共同发挥作用的双向沟通渠道。

2. 横向沟通

在企业中，横向沟通又名水平方向的沟通，是指组织结构中处于同一层次的部门、员工之间应有的信息沟通。通过这样的沟通，组织内部的协调与合作才能拥有足够的信息支持。

横向沟通能够让组织内部不同部门、不同岗位之间实现应有的信息交流共享，此外，横向沟通渠道的开辟还有助于消除组织内部可能引发冲突的隐患。

和纵向沟通相比，横向沟通的信息交流不会过于缓慢，能够充分减轻管理层的沟通负担，并帮助员工增强对集体的感情，增加他们的忠诚度和满意度。

3. 交叉沟通

除了纵向沟通和横向沟通外，还有必要在企业内部建立交叉沟通渠道。交叉沟通，即在位于不同组织、不同层次之间，没有直接隶属关系的部门和岗位上，信息获得有效沟通。交叉沟通是根据企业业务项目发展需要而来的，具有协调公司事务的作用。

5.3.3 非正式沟通

和正式沟通相比，非正式沟通是指企业内正式途径以外的一切沟通方式。在企业中除了利用应有的正式沟通来完成工作外，更应该多尝试抓住一切可能的机会，通过个人之间、集体之间的接触，以非正式的形式传递信息。

之所以选择非正式沟通，是因为这种方式主要传播对象所关心的信息体现了员工个人的兴趣和利益，而不是直接体现组织的利益，甚至会表现得和工作毫无关系。因此，HR在这样的渠道中能够拥有更大的空间和自由度，也便于获得更多的资源与支持。

另外，HR管理人员有必要将注意力集中到非正式沟通渠道的优势上。首先，非正式沟通渠道的信息交流速度较快，这不仅因为非正式沟通所传递的信息令员工更感兴趣，而且因为渠道本身没有那么多需要遵守的程序，因此大大加快了信息传播速度，也减少了信息产生效果的阻力。

其次，非正式沟通能够很好地满足员工的需要，这是因为无论在哪个企业，员工总是有从非正式沟通中获得信息的愿望和需要，如果HR管理人员不能积极采用这种渠道，那么员工自然会寻找其他来源的非正式沟通。非正式沟通渠道一旦积极而有成效，就能满足员工的实际需要。

当然，非正式沟通也容易产生片面性，例如其中的信息有可能被误读、夸大、曲解，因此需要慎重对待。

5.3.4 信息化沟通渠道

在互联网经济时代，HR管理人员和员工的沟通工具早已不限于传统的电话、书面或者会议形式，信息化沟通无处不在、无时不在，重视此类渠道也能为HR的工作带来很大的便利。

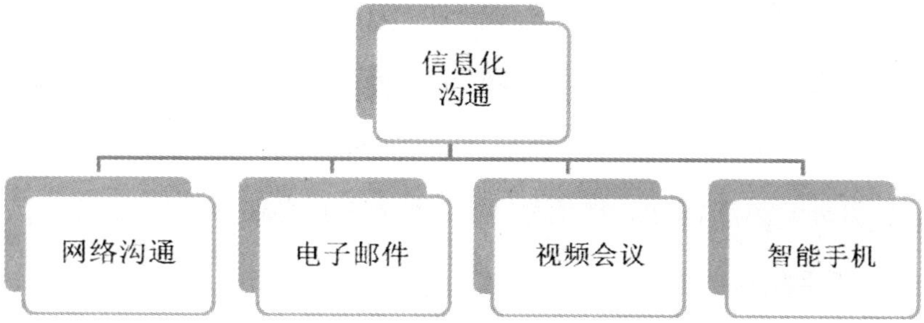

1. 网络沟通

网络沟通是HR管理人员并不陌生的，用于企业中同员工的沟通有必要区分内网和外网。

内网是企业组织内部的局域网，在内网中装有防火墙，阻止外部的互联网用户访问企业内部信息。使用内网进行沟通的方式包括发布信息、共享信息、电子邮件、文件发送等。由于是真正内部的网络，在这样的平台上进行信息沟通，可以更加直接、更加明确地表达自己的看法。

外网可以看作直接连接互联网的广域网，公司内部员工和管理者再加上供应商和战略合作伙伴等多个利益方，都能在同一个网站上交流。

2. 电子邮件

电子邮件已经成为企业内部的主要沟通媒介，这种方式降低了信息传播的成本，能够减少纸张等办公用品的支出，同时提高沟通的时效性、灵活性。当然，使用电子邮件也可能存在浪费时间、信息超载和影响其他沟通媒介重要性的缺点，需要着力防范。

例如，可以以人力资源部门的名义注册一个用户名为goutong的邮箱，邮箱地址可以用企业内网，也可以用互联网平台上的，这样，员工就能够在不知会任何领导的情况下，直接发送电子邮件和HR管理人员沟通。

需要注意的是，并非所有的沟通话题都适合采用电子邮件这种方式，对比较复杂的话题，HR管理人员有必要通过电话沟通或者当面沟通讨论，效果会比电子邮件好。

3. 视频会议

通过互联网软件，利用小型摄像头、麦克风和显示器，就能够轻而易举地让不同地点的人参与沟通会议。采用这种形式，HR管理人员能够远程和出差、调研的员工沟通，既有效又显著减少了差旅费用。

4. 智能手机

现如今使用智能手机就可以实现移动化办公，例如在手机上进行电子表格设计、电子邮件管理和提供照片、视频等资料方面的支持，一些公司甚至还采用微信等应用软件进行内部联系。

HR管理人员可以将自己办公电话的号码以“员工关爱电话热线”的方式公布，当员工想沟通时，他们只需要拨打电话就能获取来自HR管理人员的意见。同样，还可以将个人微信二维码印制在名片上，或者采取统一方式集体提供给员工，当员工希望沟通时，能够加HR管理人员为微信好友，顺畅沟通。

5.4 跨部门沟通的原则

在企业的管理过程中，不少HR管理人员都会发现，企业内部有许多优秀的人才，他们有着共同的出发点——希望企业发展壮大，他们也有着共同的注意力——办好本部门的事情，他们更有着共同的利益——为企业整体利益着想。

纵然如此，部门和部门之间的矛盾似乎总是此起彼伏、难以化解，部门经理们常常为了一点儿小事情而在会议上甚至高层面前争得不可开交，普通员工之间也经常相互抱怨。究其原因，在于部门利益成为他们眼中最重要、最急迫的事情，而企业的整体利益却因为缺乏沟通而被弃之一旁。

那么部门之间的矛盾是天然存在的吗？

必须遗憾地承认：是！

今天，越来越多的企业呈现扁平化组织结构特点，部门之间的地位完全平等，没有上下级的关系。但习惯了层级传统文化的人，习惯于服从“老板”而无视“同僚”，这就导致部门之间的沟通成本无形中增加了。

此外，职能部门各自的目标之间必然会有不同点，例如财务部门要达成的是控制成本，而市场营销、产品研发却必须不断投入资金，又如企业要改变某项政策，很可能对组织整体有利，对A部门有利，却对已经投入精力的B部门不利……由于具体利益群体划分的不同，跨部门沟通更难协调。

认识上的不同也是导致跨部门沟通难的重要原因。由于接受过的教育不同，每天所处的工作环境不同，各部门的员工难免在认知上有所差异，对彼此工作的了解也不够,容易导致各自工作目的或结果预期的不同。例如，销售部门的员工为了完成业绩任务、满足客户需求，信誓旦旦地向对方表示可以提前交货，他们却并不了解生产部门的流程，不清楚在客观上需要多少时间。

再加上不同部门人员在性格上、经历上甚至生活习惯上的差异，也会让跨部门沟通变得难上加难，由于从事工作不同，员工的行为举止、言谈思维会有很大的差异。例如研发部通常较为理性务实，销售部就比较灵活善变，财务部则比较刻板严谨，这种性格差异是企业协作所需要的，但也会给沟通带来阻力。

想要彻底解决上述问题，必须克服部门员工“只见部门、不见企业”的心理魔障，只有让企业内部充分平衡化，企业的利益才能最大化，人力资源管理者一定要能够引导部门负责人提高自身的观察格局和判断高度，并更加努力地帮助员工们建立跨部门的协调沟通机制。

其实，跨部门沟通的机制对于HR管理人员提高自我工作的效率也有重要的意义，想要做好跨部门沟通的协调工作，就要从自身做起。

5.4.1 从自身做起加强跨部门沟通

不少HR管理人员感觉自己工作辛苦，很大程度上是因为他们的工作没有充分获得企业内其他部门领导的认同和支持，这其中自然存在不少主客观原因，但最重要的原因是：过于关注自身业务工作领域，强调人力资源工作的专业性与法律性，忽略了同其他部门的沟通协作，自然也会失去开展充分工作的基础。

人力资源工作归根到底属于服务工作，是为了帮助企业提升整体生产运营绩效而设置的。如果企业中从老总到各个部门管理者都不重视人力资源工作，很大原因就在于他们没有看到人力资源部门对利润的贡献。HR管理人员必须及时主动地搭建部门之间的平台，了解他们的需求和困难，及时给予关键部门支持。

须知，HR管理人员最重要的工作之一就是协助高层搭建企业内跨部门的沟通和协作平台。为此，必须自己先找准位置，不仅仅局限在某一个部门领域，而是更多地关注企业整体利益。

例如，按照普通公司的人力资源管理制度，新员工入职前必须进行岗前培训，完成岗前培训之后才能上岗。然而，业务部门此时正因为市场需求而急于用人，他们并不希望先培训后上岗，这样，矛盾就产生了。在HR管理人员看来，入职前必须先培训，因为这既是现实需要，也是企业执行制度的必然。但问题恰恰出现在这里，由于缺乏足够的跨部门沟通意识，用人部门的需要没有适当表达，结果HR管理人员在按部就班地进行新员工培训时，用人部门内部可能已经怨声载道。

事实上，如果HR管理人员能够加强跨部门沟通意识，他们就会懂得站在企业整体利益角度看待这个问题。例如，入职培训可以轮换进行，让一部分新员工先进入工作岗位学习实际操作，另一部分新员工接受培训；直接让所有新员工上岗，等市场进入淡季再进行培训。即使必须先接受培训，也可以通过沟通，让用人部门意识到这是由企业整体利益决定的，缓解和消除他们对培训的不满……无论如何，HR 管理人员必须主动加强部门沟通，而不是坐视问题恶化。

只有充分进行跨部门沟通，和用人部门才能获得彼此想要的结果，人力资源管理工作在整个企业中也才能得到更多的认同和支持。懂得跨部门沟通的重要性，提高的不仅是 HR 管理人员的工作能力和工作效率，更升华了部门领导的思维与格局。

5.4.2 遵守跨部门沟通的原则

在跨部门沟通开始之前，HR 管理人员必须掌握好基本原则，然后再将这些原则通过培训、引导，推广到整个企业不同部门的领导层。通过如此的准备，进行无障碍的跨部门沟通就非难事了。

1. 沟通前做好事先准备

在和其他部门的同事讨论问题之前，不要毫无准备就前往，这样很容易造成矛盾，也难以得到想要的目标。

在和其他部门同事沟通之前，下面几个问题必须找准答案。

· 你希望对方帮你完成什么事情？

· 完成这件事情，对方部门能得到什么利益？

· 你认为对方为此会要求你做什么？

· 如果对方不同意该做法，是否有其他选择方案？

· 如果双方没有达成共识，你会怎样做？对方又会怎样做？

带着这些问题的答案去开展跨部门沟通，才是真正有备而来，比起仓促沟通，成功的可能性更大。

2. 了解其他部门

跨部门沟通之所以看起来困难，很大原因在于彼此缺乏了解，甚至在于“部门语言”不通。举例来说，营销部门内部平时所使用的是同一套语言，他们非常清楚围绕本部门应该遵循怎样的规则、实现怎样的目标和期望，同样，在财务部门、生产部门、后勤部门、人力资源部门等，也都有自身一套专门的语言和思维模式。

为了真正做到跨部门沟通，HR管理人员就要在平时积极了解这些部门内部的语言和思维习惯，摸清他们在面对问题时的想法与表达特点，并能够分门别类地总结出其各自存在的优势和弊端。同时还要创造机会，让不同部门的领导之间经常带着本部门特色的语言和思维进行集体沟通交流，让每个部门都能提前熟悉其他部门，站到对方的立场思考。

5.4.3 打造共同目标

不仅在人力资源部门和其他部门之间，企业中每个部门都会存在不同程度的合作、竞争关系。想要让这些部门之间多进行积极和谐的沟通，形成建设性的结果，HR管理人员就要多向他们强调彼此之间的合作关系，适当弱化竞争关系。

合作关系能否形成，关键在于是否拥有共同的目标，可以尽量多地创造出各部门的共同目标，然后一起努力，这样，就算出现竞争和争执，其基调依然是统一的，也自然能够形成良好的沟通。

为了创造出尽可能连接多部门的共同目标，HR管理人员需要弄清楚下面三个问题。

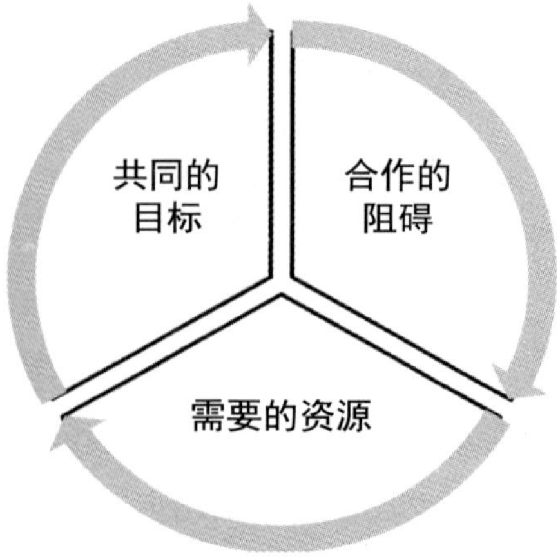

1. 共同的目标

这些部门之间能够形成什么样的共同目标？从短期看，可以围绕部门需要完成的各自任务和共同任务，例如企业的某个项目、共同服务的某个客户；从长期看，可以是这些部门共同的长远利益。

2. 合作的阻碍

需要破除怎样的合作阻碍？这些阻碍有可能是所谓的传统习惯，也有可能是双方缺乏既有的交流基础，还有可能只是因为部门员工或领导之间没有找到足够的联系机会。无论是怎样的阻碍，要想办法破除或者提供帮助来破除。

3. 需要的资源

创造共同目标需要怎样的资源？这些资源有可能是企业高层领导者提供的权限，也有可能是实行某个项目需要的成本资金，HR 管理人员应该努力帮助各部门获得这些资源支持，然后再去推动共同目标的诞生。

总之，把握好上述三大原则，相信人力资源部门能够做好跨部门沟通的协调工作，让企业在 HR 管理人员的努力下形成一个整体，实现充分的价值提升。

5.5 扮演好向上沟通的角色

人力资源部门是和整个企业中每个人都会直接发生联系的部门，从员工的入职到离职，HR 管理人员都要和他们产生关联，因此，人力资源部门必须完全承担起枢纽的责任。

HR 管理人员所面对的沟通工作自然也是多元化的、不拘范围和种类的，其中，能做一名好下属是非常重要的，因为只有学会和各级领导和谐沟通，才能打造出和谐而积极的工作氛围。

很多时候，HR管理人员会发现向上沟通比起单纯工作更有压力，更何况沟通时需要不断根据上级的特点来调整自我角色，让他们常常陷入困惑之中。

小杨性格坦诚，上学时，她是班级学习出色的班干部，开会讨论时，她总是愿意第一时间就将自己的想法和大家分享，因此受到了老师和同学们的欢迎。

2014年，小杨从人力资源管理专业毕业，经过大学四年的学习，她自认为掌握了扎实的专业知识，因此对未来有很高期望。在一个多月的反复面试之后，她权衡了多种因素，选择了浙江一家研发、生产儿童食品的公司。之所以选择这家公司，是因为公司由一家乡村家族企业成长起来，人力资源管理工作刚刚起步，小杨加入其中会是整个人力资源部门第一个专业人士，她相信自己将有很大的施展能力的空间。

然而，在公司工作两个多月，小杨就发现自己陷入了困境。该企业带有典型的家族企业色彩，所有的关键职位都由老板亲属担任，工作中充满了家族关系和利益关系，尤其是自己的临时上级是老板的大儿子王经理，这位王经理毕业于知名院校食品专业，在行业内小有名气，但他只关注公司的产品研发和营销工作，并不注重人力资源管理。王经理认为，只要企业把产品推出去，拿到订单，员工们能跟着企业赚到钱，其他都不重要。

小杨对此很不理解，于是她写了份建议书，直接去了王经理的办公室。两人稍微聊了几句公司现状，小杨说："王经理，根据我最近对公司的了解发现，目前公司的管理方式存在一些问题，比如，各个岗位的职责没有清楚界定，员工的权力分配过于随意，有些员工觉得公司不信任他们，有些员工则感觉责任太大。另外，员工薪酬结构也不是很合理，激励性有限……"

小杨还打算继续说下去，但王经理摆摆手制止了她："你说的这些问题的确存在，不过你必须承认，我们公司现在是盈利的，那这样的体制就没什么大问题嘛。到将来需要改变的时候再改吧。”

小杨愣住了，她没想到自己如此不被认可，只好默默起身离开了办公室。她不知道自己是应该继续坚持和上司沟通，还是应该换一家企业继续做人力资源工作。

从沟通过程和效果来看，这是典型的沟通失败的案例，小杨本以为自己的想法会得到尊重和理解、被认可，但她并没有找准沟通的方法，也没有克服沟通的障碍，最终只好接受失败。

小杨的事情并不罕见，一些企业由于发展阶段所限，人力资源管理工作被看作可有可无的边缘角色，不受重视，往往是老板有老板的打算、部门有部门的计划，HR 管理人员则“两边不讨好”，和谁都无法融合。

想要实现自身的价值，必须先摆脱这种尴尬的处境，并以沟通媒介的形象出现在所有人面前。沟通意味着信息的交流，有效的沟通能够让信息准确传递到你想要传递的人那里，最终借助外界力量和信息本身来解决问题。然而，由于沟通双方想法不同、外界影响等原因，沟通过程中会出现障碍，例如倾听的障碍、情绪的障碍、时间的障碍、内容的障碍，因此，想要让自己真正成为沟通的良好媒介，必须采取适当措施，实现建设性沟通互动。

那么怎样在沟通中积极自我定位，发挥自身的作用呢？

要知道，上级领导和 HR 管理人员产生分歧，很多时候是因为各自的立场、观察事物的不同而导致的。上级领导经常从企业当前的全局出发，对问题进行判断、对企业目前的资源分配进行抉择，对下属部门的权力比重加以权衡，但 HR 管理人员则更多地考虑员工能力发挥、积极性提高和未来企业人才结构、人才资源特点。因此，如果 HR 管理人员尚未了解企业未来发展的方向，不妨先以请教的口吻，找准时间和场合，向上级领导请教企业未来发展策略、规划，并请上级领导谈谈其个人的思路。这样，才能为企业量身定做出人力资源管理规划，并把握好之后工作的重心和节奏。

当然，大部分HR管理人员不可能犯小杨这样的错误，因为他们知道，在公司里想要有所作为，最先考虑的沟通关系是和上级领导的沟通。是领导雇用了你，他们有权让你离开，而他们自己并不需要主动改变工作方式来适应你。因此，HR管理人员必须努力学习用沟通来适应上级领导。

下面是HR管理人员和上级沟通的关键步骤。

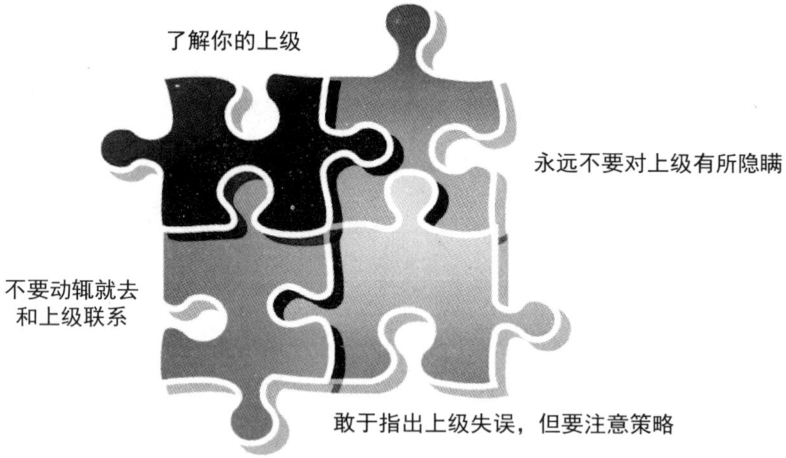

5.5.1 了解你的上级

上级领导也是人，同样具有人的情绪特征，如果不能很好地了解他们的心理特征，就无法进行深入有效的交流，更谈不上在情感一致性的基础上沟通。

现代管理学之父彼得·德鲁克在其著作中指出：如果高估你的上级，那么你的潜意识就会自然而然地对其盲目追随、形成共识，并表露忠诚，这显然并不利于你开展独立性的工作；HR管理人员更不能低估你的上级，尤其在传统文化理念居于统治地位的企业中，上级更是对这种想法非常敏感，即使是误会，都会导致你无法在他手下继续工作。

应该适当多和上级接触，在心理上揣摩和认识上级，并理解他的情绪变化，找到其表达的个性特点。另外，要适应上级的工作习惯、日程安排、未来计划和阶段性的目标。这样，就能避免和上级领导之间的摩擦、冲突和误解，进而形成利于沟通的情感基础。

好的HR管理人员在接触上级不久之后，就能及时发现他们属于“阅读倾向”还是“聆听倾向”的上级，这将决定未来对上沟通的效率。通常情况下，“阅读倾向”的上级喜欢书面形式的资料，不管是工作报告还是申请报告或者工作备忘录，都应该在沟通之前准备。相反，“聆听倾向”的上级会在一开始就表示“你随时可以来和我进行沟通”，这样，你就应该选择直接谈话，而不是提交书面文本。

当然，上级的话语有可能存在欺骗性。如果上级表面上喜欢看报告，但实际上却经常找人谈话，又或者上级看似愿意和你交谈，但总是在谈话中抽空签署文件、看备忘录，那么还是应该看懂其真正的想法。

5.5.2 永远不要对上级有所隐瞒

通常情况下，无论上级做出怎样的决策，其出发点都是好的，都是为了整个企业的全局利益。因此，即使无法理解，也需要以大局为重，不应拒不执行或者想方设法逃避拖延，更不能向上级隐瞒工作情况。

和上级的沟通之道在于不要让他们感到意外或困惑。手头正在进行的工作、即将处理的项目，都应该让上级做到心中有数，即使任务需要延期或者工作出现问题，也要让上级能够迅速了解并且及时跟进，形成有效的解决方案。

5.5.3 敢于指出上级失误，但要注意策略

如果和上级真的就某件事情产生不同看法，最好能和其私下沟通，了解上级真实的想法，然后再决定自己下一步的工作思路。即便是上级的工作思路的确有问题，也不应该抓住其漏洞不放，而是要及时进行旁敲侧击

式的沟通，采取谅解、友好和支持的态度。

在发现上级工作思路的失误之后，HR管理人员不应该一味地希望推脱责任、讨上级的欢心，也不能因为害怕引起上级的不高兴，就选择沉默不语。正确的沟通态度应该是及时向上级指出问题所在，这样才能使得失误尽快获得纠正的机会。

当然，向上级指出失误依然需要注意策略。用讨论问题的口吻，或者私下交流时不经意的表达，会有更好的效果。

下面是几个良好的沟通技巧。

（1）全神贯注地聆听，这样，上级就有时间和注意力来分析客观情况、讲述计划。

（2）只是陈述事实，让上级自己来获取情况、形成看法。不要急于打开上级已经关上的沟通之门，因为此时并不是推进个人主张的最好时机。

（3）如果上级答应做到的某些事情并没有做到，不妨礼貌地提醒他们，某项资源没有到位，或者某项工作还没有开始。这种提醒可以点到即止，因为上级需要一定的缓冲时间来重新开始。

5.5.4 不要动辄就去和上级联系

上级有自己的工作重心，对整个企业的所有事情负有战略责任。因此，不应该一遇到问题就去向上级“请教”“汇报”。不要忘记，任何好的员工都应该独当一面，他们理应负责好自己职责范围内的事，能够有勇气、担当和能力去为上级解决困难。因此，只有遇到上级才能提供解决之道的事才应该去向他请示。

另外，如果真的需要和上级单独进行沟通，那么就要学会如何支配时间。比如，一些常见的汇报工作应该尽可能少地占用上级时间，如果想要进行较长时间的谈话，则应该事先预约。

5.6 如何处理“办公室政治”

在诸多有关人力资源管理图书中，鲜有看到“办公室政治”的内容，甚至很难认定这种内容属于人力资源管理工作的“应有”范畴。然而，HR管理人员面对的是种种不同的人，他们有着不同的性格和情感，还有着不同的利益与目标，相处在同一个组织中，不可能没有任何人际冲突，“办公室政治”也无法在真实工作中被回避和无视。

必须承认，“办公室政治”是无处不在的，只不过在不同的企业有着很大的差别。在那些老板强势独断的企业中，组织有着鲜明的核心，因此组织内部的关系简单明了，“办公室政治”并不复杂。反之，在不少企业，由于组织规模庞大、人员渊源不同，再加上能力各有特点，情况就会复杂得多，各种圈子、各种流派，加上不同部门，很容易让HR管理人员焦头烂额……

来看下面这位HR总监是怎样陷入“办公室政治”漩涡的。

小秦是某知名外企的HR总监，入职以来，业绩突出、能力出众，几年的时间她就接替离职的原HR总监，成为公司高管团队中最年轻的一员。因此，小秦对工作也抱有极大热忱，希望通过不断努力在职业生涯中取得更好的成绩。

可惜，四个月前根据公司股东大会决议，高层领导的序列发生了变动，新任的副总因为之前工作中的某些事情认定小秦不是“自己人”，从上任开始就频频向小秦施加压力，先是动辄指责她没有按照公司的规定办事（实际上都是人力资源管理权限中可以做出的变更），接着又下达了实际上难以完成的工作量指标，这些不公平的遭遇让小秦感到非常焦虑和难堪。她也曾经打算通过沟通、辩解来释放这种莫名的压力，但于事无补。同时，办公室的同事似乎乐于见到向来优秀的她受到打压，公司其他领导也不愿意得罪刚刚上任的副总。小秦不仅感到心力交瘁，而且非常不解：自己本来就是做人事工作的，有着很丰富的人际沟通经验，也化解过多种矛盾，为什么事情到自己身上反而就无法解决了呢？

小秦遭遇的是许多企业中都存在的“办公室政治”，在顺境时，心态乐观，看到事情好的一面，有意忽略隐患，而一旦情势发生变化，就会发现自己的诸多不足。例如，小秦看似遭遇了无妄之灾，但稍加分析可见，周围的领导、同事居然没有人愿意调和冲突，也说明她在平时可能太重视个人业务发展，没有意识到“办公室政治”的存在。

和小秦一样，许多人力资源管理专家既不愿意触碰“办公室政治”问题，也不愿意就企业其他部门和员工的类似问题提出看法。其实，这是人们的误解，“办公室政治”意味着企业内部所有成员在面对资源分配、利益调节时有一套或明或暗的规则和机制，其实质就是员工们为了获得并保障自身利益而进行的斗争。这种斗争不可能随着管理艺术的提升完全消失，但可以因人力资源管理措施的到位而获得引导。

HR 管理人员应从入职就积极适应“办公室政治”的局面，果断介入其中并熟悉各方，引导办公室的“政治斗争”趋于合理化，而刺激整个企业的竞争。反之，如果无视这一点，会导致这种“斗争”此起彼伏，引起组织内部严重内耗，降低企业工作效率，最后危及个人的职场安全。

HR 管理人员必须先掌握“办公室政治”的应对原则，找准方法才能在不同的环境中游刃有余，既保护好自己，又能成为“办公室政治”风气的引领者，逐步将“潜规则”变成“明规则”，让企业的环境和氛围变得更健康、公平。

5.6.1 应对“办公室政治”的原则

应对“办公室政治”的原则有如下三项。

1. 看清楚环境，进行自我保护

所有企业，小到十来个人的创业公司，大到员工数以千计的跨国集团，员工都不可能在能力和性格上毫无差异。如果想要实现人力资源管理工作的长远发展，仅仅有敬业精神和业务能力是不够的，要了解办公室中派系的构成，看懂这些构成背后的原因，能在短期内画出办公室生态环境的“蓝图”，并在其中找准自己的位置。只有这样，才能懂得在工作中如何定位自己，如何适时保持中立，避免卷入不必要的矛盾。

2. 寻找信息源头

在办公室中做到人人喜爱是很难的，但有必要减少自己的“敌人”。这就需要学会观察、聆听和分析。一般来说，HR 管理人员经常会和上司、分管副总或者公司的老总、董事长、重要股东和他们身边的助理接触，一起工作和交流，这就需要观察和分析每个人的特点，掌握好与各级领导的平衡关系，帮助自己进一步准确定位。

3. 学会适当变通

在任何一家公司都不可能有课本中的那种公平，也不会在每件事、每个细节上都绝对贯彻原则。作为 HR 管理人员，必须懂得在不同形势下如何变通，以实际满足企业最大的、最长远的利益为底线，做到尽量让最多的人站到自己的一边，从而游刃有余地处理问题，减少影响。

5.6.2 应对“办公室政治”的策略

在企业中，接触员工最多的人当属 HR 管理人员，从好的一面来看，这让 HR 管理人员的工作拥有更多支持者，同时也能获得更大的发展空间，但从负面影响来看，接触如此多的人，很可能让 HR 管理人员更快地陷入复杂的矛盾关系。因此，只有选准应对策略，才能在企业中拥有稳定的发展前途。

1. 建立以 HR 管理人员为核心的人际关系联盟

HR 管理人员应该尽量和不同部门、不同层级的同事建立足够和谐友善的关系，这种人际关系联盟的意义不但能让工作变得更加愉快，还能在需要的时候获得同事积极的帮助。

例如，可以对他人的工作情况表现出真诚的兴趣，从他的言辞行为中了解其工作所面对的压力，看看有什么能帮助他的，或者能够倾听对方。

又如，可以主动向平级部门的领导寻求建议：“咱们公司这些事总是让我有些困扰，我觉得你肯定有经验，能不能给我一点儿建议？”这样的请教不但能够帮助 HR 管理人员解决问题，而且能让对方感到被重视。

另外，无论同事的级别高低，抑或只是刚刚入职的员工，在不影响工作的前提下、在自己的工作权限范围内给予他们帮助。

需要强调的是，在向他人提供帮助的时候，一定要把握好分寸和尺度。有经验的 HR 管理人员在帮助他人时会把握这样的原则：不要轻易帮助别人，因为这样很容易让对方觉得你提供的价值是很微薄而随意的；不要到处帮助别人，否则被帮助的人不会感觉自己是特殊者；也不要吝惜帮助他人，既然要帮助别人，就要大方、爽快。

最后，即便无法和有些人成为朋友，也不应该变成“敌人”。一旦出现这样的关系，必须及早进行补救。

2. 避免任何原则性错误

一些工作上的小错误很容易被人原谅和遗忘，但如果犯了原则性的错误，那么很容易在“办公室政治”格局中成为牺牲品。

首先是对别人的轻视和傲慢。无论是在私下还是在公开场合，HR 管理人员对待任何人都不能持轻视或者傲慢的态度，例如随意打断他人的发言、公开嘲笑他人的错误、质疑其他部门或岗位的能力，这些都是不应该的举动。

其次是不允许越级报告。除非公司明文规定允许这样做，一般情况下按照传统的职场规则，HR 管理人员必须逐级请示和报告，否则任何公开或者私下的越级接触都是违反规则，不但在上级面前留下相当恶劣的印象，而且会因为“幼稚”“鲁莽”而被人排挤。

同样，公开挑战企业的规则与文化也会被视作难以信任的行为表现。每家企业都有一些被传承下来的价值观、信念或者习惯性规则，可以去发现其中不合时宜的部分，并在自己的工作权限之内缓慢革新。但需要注意的是，在真正引起企业最高层关注和赞同之前，不能公开对这些因素加以批评，否则很容易被所有人看作异类。

最后，在功过的评价方面，HR 管理人员也不应该去争抢他人的功劳，包括其他部门经理的付出或者是下属的努力，一旦争抢这些属于他人应得的荣誉，会导致所有人站在对立面。同样，如果感到自己在工作中遭遇了任何不公，也绝不能毫无顾忌地四处“倾诉”，例如“我碰到这个上司真是不走运……”“看看我这帮下属，没一个真正有用的……”，这类话语导致形象大打折扣，也会由此被他人记住，而在未来被扣上不适合本岗位工作的“帽子”。

3. 要学会妥协、学会失败

无论如何，职场上没有永远的胜利者。一方面，HR 管理人员要懂得如何争取和维护自身的利益；另一方面，要懂得在什么情况下主动妥协甚至“失败”。

当然，一切“办公室政治”都需要坚持好底线，那就是必须维护整个企业的利益，同时提高自己的工作能力。只有累积好属于自己的专业实力，才能在企业的各种竞争层次中获得成功。

5.7 如何准确发布公告、通知

准确发布公司公告、通知是HR管理人员和同事进行全面良好沟通的基础，同时也是人力资源部门和其他部门之间协调工作、加强联系的重要步骤。

下面介绍准确发布公司公告、通知的要点。

5.7.1 部门文件

HR管理人员应要求各部门必须根据标准机制及标准格式准备文件。同时，各部门负责人收到公告或通知后，必须将文件内容传达给所有需要知悉的下属，文字形式签收交人力资源部门、行政部门存档并提供充分解释说明，督导员工落实执行。另外，各部门负责人必须妥善保存文件副本以备日后查阅。

5.7.2 公司通知

在发布和公司整体有关的公告、通知，或部门通知，或颁布公司人力资源相关管理制度、规范和重要事项时，应该注意下面的规范。

1. 签发人员

对于在公司范围内执行的公告、通知，由总经理或总经理授权人员签发；对于在个别部门内发挥作用的制度或事项的通告，由该部门负责人签发。

2. 发布流程

内部通告发布必须使用标准格式，文件编号方式为XXX/XX/XX/XX，即“签发部门的英文代码/签发人名称缩写/年份/序号”。例如，“人力资源部徐晨2015年发布编号为003号内部通告”，编号应为“EDO/XUC/15/003”。

第6章
有福利，赏罚清：解决人才的后顾之忧

· 以薪资激励留住人才

· 以福利保障留住人才

· 善于激励，增强员工动力

· 别让执行错误破坏激励的持续性

6.1 以薪资激励留住人才

薪资不但是员工为企业工作的重要原因，也是激励员工对企业产生热爱情感和忠诚态度的良好基础。以薪资作为留住人才的主要激励手段，能够取得良好的效果。

6.1.1 设置合理的薪资调整制度

薪资调整是薪资管理的必要组成部分，其作用在于确保企业薪资体系能够从动态上反映劳动和薪酬的关系。进行企业薪资调整，需要遵循一定原则。

（1）合法性。薪资调整制度必须符合国家有关政策法规，其中包括最低工资标准规定、社会保障制度规定等。HR 管理人员应该帮助企业加强自我约束力，执行符合国家法规的有关薪资调整规定。

（2）经济性。必须确保在企业经营效益稳定和提高、生产规模能够维持和扩大的基础上，以薪资调整制度来支持企业扩大再生产与长期发展。因此，薪资调整制度要兼顾并平衡短期和长期的经济效益。

具体的薪资调整制度包括下面几点。

1. 薪资总额调整

根据企业经营状况和劳动市场变化做出相应调整。企业经营效益提高，薪酬总额相应提高，反之则降低。同时，劳动市场供求变化、竞争对手的人力资源政策等，也应体现在薪资调整的方向上。

2. 部门薪资调整

企业的战略一旦形成，不同部门之间的价值差异就会迅速体现，根据部门作用的变化，薪资也应随时调整。另一个重要依据在于部门的绩效水平，有必要对部门进行绩效考核并从薪资改变上加以激励。

3. 员工个人调整

员工薪资的调整不仅直接影响企业每位成员的利益，而且体现企业价值观，为此必须审慎处理。当员工在资历、能力、职业、绩效等工作因素发生变动时，就应该对薪资进行相应的调整。

6.1.2 项目提成激励

员工薪酬体系设计中，提成设计是重点和难点。所谓提成，是指员工根据项目中的业绩所获得的分红，是激励员工的有效措施，也是员工薪酬中的重要组成部分。

对提成的设计需要考虑三个方面。

1. 确定提成基础

可以基于销售额，即按照销售额提成；基于利润，即按照项目带来的销售利润提成；基于毛利，企业拿出毛利润的一定比例作为奖励。

另外，提成基础也应该根据员工的成熟度和经验度不同而有所不同。对于新员工来说，可以用基于项目合同的利润来提成，提高其对工作的信心和兴趣。而对于成熟员工，则应该用公司实际拿到的回款来计算提成。

2. 确定比例

可以根据不同项目对企业的贡献来确定提成比例，一般来说，新的产品、服务等项目，提成比例应该比旧的要高。也可以根据渠道、区域的不同来确定。HR 管理人员在确定提成比例时，要和市场部共同商议，最后由公司总经理批准执行。

3. 试算提成

根据项目的历史数据和当期的利润目标，可以选取不同部门、不同职级的员工为代表试算提成。原则上，本年度的提成不应比上年度提成低。

如果试算结果过高或过低，都应该进行相应的调整。

6.1.3 年终业绩提成激励

年终业绩提成统称为年终奖，是企业年终发给员工的福利。设立这样的提成，是为了激励员工全年努力工作，同时也是为了防止业务骨干突然跳槽，因此，年终业绩提成的设计也需要体现上述特点。

1. 采用不同方式

可以采用一次性支付与递延支付两种方式。递延支付是指第一年年终奖只发放一部分，其余资金在第二年、第三年陆续发放。这种方式能够有效规避员工在领取年终奖以后就跳槽的风险，但对于紧缺型和中高级员工收效甚微，甚至有可能产生负面作用。

2. 采用不同依据

（1）根据工作总结或述职报告发放。如果企业绩效管理体系不完善，没有恰当的个人业绩考核，那么就可以采取年度工作总结或述职报告的方式，对不同员工一年来的工作业绩进行归纳总结，然后根据其中体现的工作完成情况发放奖金。

（2）根据年度业绩发放。企业如果在年初已经制订了经营计划，并分解为不同部门、不同岗位的计划目标，以及不同时间段的季度或月度考核。这样就可以与每个人的不同完成情况挂钩计算年终奖。

（3）根据年度考核表发放。年度考核表的内容包括态度、能力、业绩三个维度，每个维度可以结合企业自身特点细化成不同的层面，如态度包括责任心、主动性、进取心，能力包括基本素质、沟通能力、创新能力、压力管理、组织能力、时间管理、专业知识技能，业绩包括年度完成的重点工作项目。在选择好这些考核标准后，设计不同考核维度所占权重，得出计算公式，从而计算不同员工的年终奖。

3. 运用科学结构

年终奖的结构较其他薪酬类型更为复杂，但总结起来包括下面几部分。

（1）基本奖金。只要员工年底依然在岗位上，则应该有基本奖金。这部分奖金类似于福利，发放规则应该是公开的、一致的，主要和每个人基本工资水平相关。

（2）浮动奖金。根据个人年度绩效评估结果和部门业绩结果，发放不同的绩效奖金。这部分奖金应该体现出差距，但规则应该公开。

（3）老板奖金。这部分奖金由企业最高管理者个人决定发放，并不需要固定的规则，其金额也通常不需要公开。同样，管理者也不需要对部分奖金数额做出解释，从而最大程度发挥激励作用。

【附表 15】 业绩奖金核定表（管理人员、营销人员适用）

月份

本月营业额		本月净利润		利润率	
可得奖金		调整比率		应发奖金	
个人奖金及明细核定	单位	姓名	职别	奖金系数	奖金

（续表）

奖金核定标准	基础奖金			调整奖金	
	当月净利润（万元）		应得奖金（元）	当月营业额（万元）	奖金提高比率
	10 以下		0	500 以下	0%
	10 ～ 20（不含 20）		300	50 ～ 600（不含 600）	5%
	20 ～ 30（不含 30）		500	600 ～ 700（不含 700）	10%
	30 ～ 40（不含 40）		800	700 ～ 800（不含 800）	15%
	40 ～ 50（不含 50）		1000	800 ～ 900（不含 900）	20%
	50 及以上		每增加 10 万元利润增加 250 元奖金	900 以上	每增加 100 万元营业额，奖金提高 7.5%

制表：　　　　　　　　　　复核：　　　　　　　　　　审批：

【附表 16】业绩奖金核定表（生产人员适用）

月份

本月总产值		本月工作人数		生产批数	
可得奖金合计		调整奖金比率		应发奖金	

（续表）

	单位	姓名	职别	奖金系数	奖金
奖金核定					
	合计				

奖金核定标准	基础奖金		基础奖金	
	生产奖金（万元）	可得奖金（元）	工作人数	奖金提高比率
	400 以下	0	180 人以上	0
	400 ～ 500（不含 500）	500	180 ～ 160 人	3%
	500 ～ 600（不含 600）	700	160 ～ 140 人	5%
	600 ～ 700（不含 700）	900	140 ～ 120 人	7%
	700 ～ 800（不含 800）	1100	120 ～ 100 人	9%
	800 及以上	每增加 100 万元产值，奖金增加 250 元	100 人以下	每降低 20 人，奖金提高 5%

制表：　　　　　　　　复核：　　　　　　　　审批：

6.2 以福利保障留住人才

企业是由众多工作者构成的组织，无可置疑的是，人们之所以要工作，最基础的回报在于薪资和福利。当企业拥有了稳定而适当的福利制度，员工就能从工作中获得物质上的满足感，这种满足感将进一步激励他们继续努力工作。因此，HR管理人员想要解决人才的后顾之忧，减少企业人力资源的流失，消除管理阻碍，必须从福利制度着手，只有打造出相应的制度，企业的福利才能真正成为员工心中的保障。

6.2.1 节假日保障

休假制度能够给员工充分的休息和调整时间，合理安排其生活和工作。公司应该提供的节假日保障包括下面几种。

1. 法定假日

自2008年1月1日开始，按照新的《全国年节及纪念日放假办法》规定，元旦、春节、清明节、劳动节、端午节、中秋节、国庆节放假日为法定假日。

2. 年假

《员工带薪年休假条例》规定，企业应提供员工带薪年休假。职工累计工作已满1年不满10年的，年休假5天；已满10年不满20年的，年休假10天；已满20年的，年休假15天。国家法定休假日、休息日不计入年休假的假期。

3. 病假

企业员工患病或非因公负伤，可以根据本人实际工作年限，享受3～24个月的医疗期。其间的病假工资，在扣除个人应缴纳的社会保险费用后，不得低于当地最低工资标准的80%。

4. 产假

根据 2012 年 4 月 18 日国务院颁布的《女职工劳动保护特别规定》，女职工生育享受 98 天产假，其中产前可休假 15 天；难产增加产假 15 天；生育多胞胎的，每多生育 1 个婴儿，增加产假 15 天。

6.2.2 法定福利保障

法定福利包括社会保障金、住房公积金等。

1. 社会保障金

根据 2010 年颁布的《中华人民共和国社会保险法》规定，社会保险金包括养老保险、医疗保险、工伤保险、失业保险、生育保险。

2. 住房公积金

住房公积金属于具有保障性、互助性和长期性的住房储备金，《住房公积金管理条例》规定了这一福利制度的缴纳对象、所有权、用途以及缴纳方式和比例。

6.2.3 家属福利保障

家属福利保障属于企业自主福利，并非法定福利。根据企业业绩情况和财力高低，可以选择为员工购买补充养老金、提供健康医疗保险计划、除法定假期之外的不同假期、为员工和家属提供的服务项目（例如儿童看护、老年人陪护）等。

这些福利内容并不具有任何强制性，具体的项目也有一定标准，企业可以灵活决定。

6.2.4 定期培训

除了上述传统福利外，为员工提供定期培训等服务项目，也是现代企业广泛采用的福利发放方式。

1. 员工援助计划

员工援助计划（EAP）原本只是针对心理压力过大或有不良生活习惯的员工，为他们提供治疗或咨询的服务项目。发展至今，其主要模式有三种：

（1）企业内部组织，自行雇佣全部援助人员。

（2）和第三方签订合同，由第三方提供员工服务所需要的工作人员和服务内容。

（3）多方合作，和其他企业联合集中资源共同制订计划。

2. 咨询服务

向员工提供广泛咨询服务，包括财务、家庭、职业生涯、重新谋职、退休咨询等。如果条件允许，还可以向员工提供法律援助。

3. 教育培训计划

本服务项目针对想要继续接受教育或培训的员工，包括两种形式。

（1）内部培训计划，指组织内部的培训，如在企业内开设相关课程，聘请大学教授讲课等。

（2）外部培训计划，主要指对学费的报销。学费报销可以采取全额报销或者部分报销的方式，也可以选择每年发放固定金额补助的方式。

6.3 善于激励，增强员工动力

专业团队调研的结果显示，人在普遍情况下只能发挥能力的30%，但在激励充分的情况下，其能力的90%都能发挥出来。HR管理人员如果善于利用激励机制，就能充分激发每位员工内在的潜力，调动其工作的主动性、积极性和创造性，确保企业人力资源不断增值。

建立良好的激励体系，这是相当重要的。在此过程中，更加重要的当属明确激励标准，针对员工特点，提升他们的工作动力。

在诸多成功企业的人力资源管理实践中可以发现，激励标准和方式的多样化才是激励制度能够实行的重要基础，而所谓“激励就是加薪”的观念也首当其冲需要从 HR 管理人员的理念中剔除。

来看施乐公司是如何进行有效激励的：

在施乐公司，不断让员工获得晋升机会是其人力资源管理中最有效的激励制度之一。他们将员工分为三类，其中最优秀的是工作模范，他们能够胜任本职工作和监督工作，想要成为基层部门经理必须是这类员工，而公司高层的领导者也都是从工作模范员工中走出来的，这样，表现良好的员工就希望自己进入这类员工的队伍。

相反，对于表现不好的员工，施乐公司也会采取相应的处分措施，这种奖优罚劣的政策，使得该公司总是充满竞争和活力。例如，洛杉矶分公司的经理鲍勃·琼斯，由于无法适应新技术，对工作已经明显不能胜任，当时的施乐公司总裁乔·威尔逊只能不顾琼斯已经工作 20 年的事实，委婉地劝他更换工作，并且极具亲和力地说：“既然接触新技术压力太大，你为何不尝试新的工作？”这种“客气”的降职机制让所有员工相信，在施乐必须始终跟上时代和企业的发展步伐，否则就会被淘汰。

在企业的人力资源管理过程中，想要提高企业的整体效益，离不开员工对自身优势和效能的发挥。施乐从多方面进行激励，培养员工的成就感，既为他们提供广阔的晋升空间，也毫不讳言处分的可能，这样，激励制度成为有效的投资政策，而投资的回报就是员工工作效率的提高。

下面介绍 HR 管理人员能在企业打造和推行的激励制度。

6.3.1 物质激励

通过薪酬、奖金、福利、奖品等货币和物质的形式，激励员工。这种激励方式的优点在于见效显著，缺点在于激励的可持续性不足。因为一旦员工现有收入超过其基本需求，单纯地提高物质满足感，难以对其工作产生持续的激励作用。这说明，物质激励必须和非物质激励配合使用才能见效。

【附表17】 绩效改善计划表

________部：

根据本次考评，你部职员须进行诸项改善，以提高绩效，现将改善计划表发给你部，请指导执行。

人力资源部

年　月　日

姓名		岗位		部门	
计划项目			指导者		执行时间
（1）本职工作技能的提升 （2）企业文化理念的认识加强 （3）工作态度改进 （4）工作计划性和目的性改进 （5）面对困难时的决心和意志改进 （6）合作意识的提升 （7）团队精神的培养 （8）敬业精神的提升 （9）忠诚度的提升 （10）生涯规划的指导 （11）责任意识的提升 （12）服务意识的提升 （13）与上司、同事相处的礼节培养 （14）丰富产品知识 （15）制造流程了解程度的加深 （16）沟通意识的加强 （17）报告意识的加强 （18）基本礼仪的培养 （19）会客禁忌的了解 （20）接听电话的礼仪培养 （21）应对客户抱怨的技能提升 （22）工作效率的提升 （23）工作差错率的降低 （24）向部门老员工学习工作方法 （25）开展部门内部训练 （26）开展岗位竞赛 （27）阅读书籍 ① 自我发展 ② 有效的沟通 ③ 职业生涯规划					
待改善人员签字			部门负责人签字		

6.3.2 非物质激励

根据企业和员工各自特点不同，非物质激励的适用种类有很多，但在实践工作中被证明最有效的激励方式有以下六种类型。

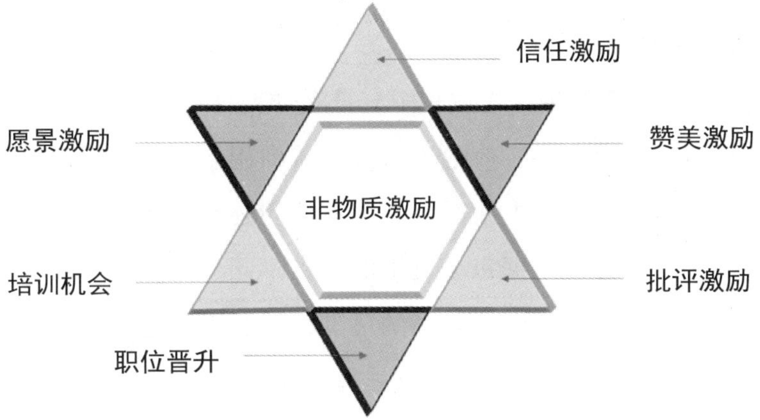

1. 愿景激励

人力资源管理工作中，可以向员工传递良好的愿景，当这种愿景能够打动员工后，就会直接成为他们工作的内在动力。反之，如果员工在企业中看不多这样的愿景，就会失去进取的动力。

HR 管理人员可以将“看得见、摸得着”的愿景展示在员工面前，这些愿景还能够分解为不同阶段的目标，让员工感受到愿景的路径。同时，不要过分夸大愿景，还应考虑到愿景实现需要员工投入怎样的努力。

2. 信任激励

在日常工作中，HR 管理人员应该在企业中倡导信任文化，让每一位员工都能感受到企业和上级对他的信任。

当然，信任并不是轻信，应该在部门经理层面提倡客观评价下属的能力，在下属的范围内给予信任，防止走向或者信任或者不信任的极端，同时还应注意客观公正，不能对某些员工绝对信任、对某些员工绝对不信任。

3. 赞美激励

适度赞美员工，能够满足他们的荣誉感、价值感，是HR管理人员需要在日常工作中以身示范的领导艺术。需要注意的是，赞美某位员工，必须起到示范作用而不能打压其他员工。

4. 批评激励

在进行人力资源管理工作过程中，只有赞美是不够的，HR管理人员必须适时利用员工的自尊心，有效进行批评或利用激将法，激发员工不服输的精神。在采用这种激励方式时，必须抓住问题的实质，要针对员工不足之处对症下药。另外，根据每名员工的特点不同，把握好批评的分寸，例如对一些工作时间较长、职位较高的员工，不要直接进行公开的批评，可以采用含蓄的方式进行批评，促使其能够自我感悟、纠正。

5. 职位晋升

晋升是员工自身职业规划的关键环节，晋升能够带给员工的激励作用远远超短期的物质激励。HR管理人员要在整个公司内部推行清晰的职位晋升制度，开辟良好的职业晋升通道，让员工感到前景和空间的开阔。

实行职位晋升激励时，要让员工感到机会的均等性，同时要将有效的职位任免规则公之于众。

6. 培训机会

在中小企业中，员工并不容易获得充分的培训机会，通常能够获得培训机会的大多是优秀员工。因此，无论从实际上还是荣誉上，培训都能够被看作良好的激励手段。

HR管理人员可以考虑将员工个人学习的机会也纳入培训激励制度，例如为员工提供学历进修的机会。但要严格限制获得培训机会的员工名单，只有让那些绩效考评达到相应标准的员工参加培训，才能彰显培训的可贵。

此外，培训结果应该和晋升、加薪、职称、职衔等其他人力资源管理制度挂钩，员工就会更加看重培训机会。

除了上述方式外，激励还包括授权、聚会、内部竞争、个人业务“承包”、轮岗、危机意识等方式。HR 管理人员必须从员工的人性出发，激活他们行动背后的真正动力源泉。

【附表 18】 员工晋升考评表

时间：

姓名			性别		年龄	
学历			专业		职位	
此前一年内的考核情况						
以下由考评小组评定						
工作经验	标准及分值	10 年以上	8 年以上	5 年以上	2 年以上	2 年以下
		10 分	8 分	5 分	3 分	0 分
	实际得分					
领导能力	标准及分值	强	有一定能力	需提高	弱	不具备
		10 分	8 分	5 分	3 分	0 分
	实际得分					
政策贯彻	标准及分值	全部贯彻	大部分贯彻	部分贯彻	小部分贯彻	不贯彻
		10 分	8 分	5 分	3 分	0 分
	实际得分					
工作能力	标准及分值	强	有一定能力	需提高	弱	不具备
		10 分	8 分	5 分	3 分	0 分
	实际得分					
工作态度	标准及分值	很好	好	一般	差	很差
		10 分	8 分	5 分	3 分	0 分
	实际得分					
建议能力	标准及分值	强	有一定能力	需提高	弱	不具备
		10 分	8 分	5 分	3 分	0 分
	实际得分					
创新能力	标准及分值	强	有一定能力	需提高	弱	不具备
		10 分	8 分	5 分	3 分	0 分
	实际得分					
发展潜力	标准及分值	知识	解决问题能力	判断力	主见果断	
		10	10	5	5	
	实际得分					
总分						

（续表）

原部门意见	
原分管领导意见	
人力资源部意见	
评定结论	

6.4 别让执行错误破坏激励的持续性

公司激励制度设计的目的在于充分并长远激励员工的工作热情、工作积极性，从而促使他们发挥最大潜力，为企业发展做出应有的努力。激励制度能否取得预期效果，需要关注制度执行中的细节，因此，HR 管理人员一方面需要做好制度细节的设计，另一方面应该学会从原则上把握好激励效果在细节上的持续性。

A 公司的老总想有效激励员工，并提高他们对工作的重视度，于是他授权 HR 经理建立了系统的员工激励制度，希望增强员工的工作积极性。

在员工激励制度中，HR 经理将员工守则的内容也纳入其中，建立了更加细致、全面的管理体制。

然而，执行激励制度后，细节问题暴露出来。A 公司是个家族企业，不同部门的领导都和老总有着血缘或亲友的关系，他们在执行新的激励体制时，都会主动为企业的财务利益考虑，往往对激励制度中的惩罚条款看得很清楚，执行也比较迅速，但对于奖励性条款，则像员工们抱怨的那样“能躲就躲、能拖就拖”。

对于这些情况，HR 经理并没有意识到，她认为自己制定的激励制度正在有条不紊地运行，而老总更是不清楚员工的想法，结果激励制度实行半年之后，不少员工趁着春节之后的跳槽高峰直接离开了这家公司。

可以看出，老总和HR经理的初衷是希望运用激励制度增强员工工作积极性，提升他们对企业规则的遵守意识，但最后并没有达到这样的效果，反而导致员工更加消极甚至离开。面对这样的前车之鉴，HR管理人员在制定激励制度之后，应进一步思考作为管理者在激励制度执行时应该注意哪些细节问题，并应确保激励制度是有效的。

为了确保激励制度顺利运行，在设计激励制度时，应当秉承下面的原则。

6.4.1 成本和收益均衡原则

成本和收益均衡原则意味着通过执行激励制度让企业的产出大于成本，因为任何激励手段目的都是最大化企业的经济效益。因此，必须保证激励的收益高于成本。但如果片面强调这一点，就会导致管理者只看到收益，不愿意付出必要成本，引起的激励效果越来越差。

为此，在设计激励制度的过程中，要避免如下两种错误倾向。

1. 脱离实际，成本过大

在理论上将成本和收益的分析做得相当出色，却不注意实际操作中各个部门、各个岗位是否真正落实，结果应用时出现问题，导致实施的成本过大，激励手段可能变成企业财务成本上的负担。

2. 缺乏价值，成本过小

由于在激励手段的操作过程中，各个层级的领导者（也可能包括人力资源管理者自己）对成本计算过多，忽视了激励力度的问题，结果虽然有了激励制度，却缺乏实际价值，起不到激励的作用。

6.4.2 可持续原则

想要让员工持续保持积极状态，激励制度必须遵循可持续原则。

在激励过程中，一些长期激励目标或者员工个人目标的确能够产生短期内的激励作用，但最终只是在短期内提高员工的工作积极性，一段时间后，员工就产生了更高的目标，期望值也随之提高。

为了能够长期提升员工积极性，应该结合企业现有状况与未来发展目标，找准激励重点，设计更为有效的制度，这样才能让激励持续发挥作用。

6.4.3 奖励和惩罚结合原则

在激励过程中，既要有奖励措施，也要有惩罚措施，两者缺一不可。因为奖励是激励的内容，惩罚同样也是一种“负激励”。因此，在执行激励制度的过程中，要注意引导企业的管理者，不断改变管理情境来进行激励。其中，对业绩良好的员工应侧重奖励，对业绩不佳的员工则应该采用惩罚措施，这样才能利用双方截然不同的结果，使得员工受到鼓励。

6.4.4 短期利益和长期利益结合原则

在激励制度的执行过程中，应该充分考虑短期利益和长期利益的相互结合，兼顾短期目标和长期目标，从而得出符合员工利益的需求。

可以运用的短期利益激励形式包括工资、奖金、年薪制度等，公开表彰、休假等;可以运用的长期利益激励形式包括持股、股票期权、晋升职位、利润分享计划等。只有让长短期激励形式相互结合，相互平衡，才能保持激励制度应有的效果。

6.4.5 程序化和艺术化结合原则

之所以要制定激励制度，是为了让激励过程规范、公开、公平，这是激励措施能够让员工心服口服的重要原因。因此，必须确保企业在执行激励制度时，遵照制度上规定的程序按部就班地流程化操作，形成良好的规范。

但对员工的激励工作并不同于对以物品或项目为主的企业生产工作，正因为激励对象是人，所以具备很大的灵活性与实效性。在履行制度所规定的流程之外，HR 管理人员和其他部门管理者一定要学会采取艺术化的激励形式，尤其是以渗透在日常管理工作中的精神激励为主，而不能事事、处处、时时都讲究程序。

事实证明，许多企业虽然有看起来全面而人性化的激励制度，但这些制度缺乏执行时的艺术性，因此其实施效果缺乏积极意义。

总之，员工激励制度设计的目的是激活员工最大的职业能力和潜力，通过执行中方法的多样性，激励机制会更加丰富、立体。

第 7 章

善培训，促成长：让人才跟上企业发展

- 做好企业培训的三个方面
- 制定企业定期培训制度
- 如何选择内部培训和外部培训
- 如何请到合适的培训师
- 员工培训与管理者培训因人而异
- 制订员工学习计划
- 如何准确评定员工的培训效果
- 帮助员工制订职业生涯规划

7.1 做好企业培训的三个方面

从事人力资源工作，离不开参与企业培训与员工职业规划的相关事务，其中内容必须和企业战略目标、员工职位特点相结合，并同时考虑到适应内外部环境变化。一般而言，HR管理人员需要在知识、技能和态度三方面的学习与进步上看待这部分工作范畴。

7.1.1 知识培训

知识培训是企业培训的主要内容，包括事实和程序两方面知识。通过培训，引导员工掌握完成各自工作所需要的基本知识，同时结合对企业经营发展战略要求和技术变化的预测，以及将来对人力资源在数量、质量、结构上的需求，从而有计划、有组织地培训员工，确保员工能够了解企业的发展方向、经营方针、经营状况、规章制度、文化基础、市场竞争情况等。另外，知识培训还应该结合员工各自所处岗位的目标来进行。

例如，管理岗位上的员工，应该在培训中多侧重于计划、组织、控制和引导等管理知识，以及掌握心理学、激励理论等和员工特点有关的知识，包括经营环境，如地域特征、品牌文化、社会伦理等方面的知识。

7.1.2 技能提高

运用知识需要具备一定技能，员工个人职业规划离不开技能积累。因此，普通技能的培训包括认知能力、写作能力、语言沟通和理解能力、定量分析能力、计算能力、推理能力等。不同岗位上的技能培训则需要结合岗位需求进行，包括生产技能、服务技能等。

此外，HR管理人员还需要负责企业内部员工人际交往能力、协同能力的培训。对管理者则更应该注重判断与决策能力、改革创新能力、灵活应变能力等方面的培训。

7.1.3 态度转变

企业培训中还应有和态度有关的内容，其中关键在于对管理者本身的培训和职业规划，进而由他们在员工中树立并保持积极态度，同时，根据不同特点，找到适合不同员工最有效的影响和控制方式，规范他们的工作行为，并促进其态度的转变。

为实现上述目标，企业培训工作还包括培训需求的确定、培训目标的设置、培训方法、培训实施、培训成果的转化及培训评价和反馈等不同环节，这些都需要 HR 管理人员努力完成。在企业培训基础上，促进员工进行自我职业规划也是非常重要的人力资源工作。为了能给员工提供职业生涯规划，HR 管理人员应该重视职业生涯通道的设计。

【附表 19】 员工培训计划表

培训日期	培训内容	讲师	培训手段	培训地点	费用预算	效果估计	负责人

制表：　　　　复核：　　　　审批：

【附表20】 新员工培训计划表

编号： 拟订日期：

<table>
<tr><td rowspan="3">受训人员</td><td>姓名</td><td></td><td>培训期间</td><td>月 日至
月 日止</td><td rowspan="3">辅导人员</td><td>姓名</td><td></td></tr>
<tr><td>学历</td><td colspan="3"></td><td>部门</td><td></td></tr>
<tr><td>专长</td><td colspan="3"></td><td>职称</td><td></td></tr>
<tr><td>项次</td><td>培训期间</td><td>培训日期</td><td>培训项目</td><td>培训部门</td><td>培训师</td><td colspan="2">培训日程及内容</td></tr>
<tr><td>1</td><td>月 日至
月 日止</td><td>天</td><td></td><td></td><td></td><td colspan="2"></td></tr>
<tr><td>2</td><td>月 日至
月 日止</td><td>天</td><td></td><td></td><td></td><td colspan="2"></td></tr>
<tr><td>3</td><td>月 日至
月 日止</td><td>天</td><td></td><td></td><td></td><td colspan="2"></td></tr>
<tr><td>4</td><td>月 日至
月 日止</td><td>天</td><td></td><td></td><td></td><td colspan="2"></td></tr>
<tr><td>5</td><td>月 日至
月 日止</td><td>天</td><td></td><td></td><td></td><td colspan="2"></td></tr>
<tr><td>6</td><td>月 日至
月 日止</td><td>天</td><td></td><td></td><td></td><td colspan="2"></td></tr>
<tr><td>7</td><td>月 日至
月 日止</td><td>天</td><td></td><td></td><td></td><td colspan="2"></td></tr>
<tr><td>8</td><td>月 日至
月 日止</td><td>天</td><td></td><td></td><td></td><td colspan="2"></td></tr>
<tr><td>9</td><td>月 日至
月 日止</td><td>天</td><td></td><td></td><td></td><td colspan="2"></td></tr>
<tr><td>10</td><td>月 日至
月 日止</td><td>天</td><td></td><td></td><td></td><td colspan="2"></td></tr>
</table>

制表： 复核： 审批：

7.2 制定企业定期培训制度

人力资源部门的工作之所以重要，在于他们直接塑造的对象是企业中的员工。以生产效率为例，那些接受良好培训的员工和新来的员工相比，生产效率经常会高出后者几倍。同时，获得充分培训的员工其素质也会有很大提升，员工们会因此变得更有上进心、成就感，并形成优良稳定的人才队伍。

HR 管理人员在制定培训制度时，要明白对企业在职员工进行定期培训的重要性，这是打造成功企业不可缺少的环节，在设立面向员工的培训课程时，应该坚信这样的原则：无论是企业的核心领导层，还是基层的普通员工，都应该在企业的定期培训中用心培养，而并非单纯依靠人才资源市场中的“临时空降”。

人力资源专家研究了世界上排名靠前的优秀公司，发现这些公司之所以能够不断发展壮大，是因为他们无一例外地都很重视员工的定期培训。

在可口可乐公司，人力资源部门曾经安排一位有机化学博士在负责技术工作的同时兼任了某行政部门的助理，并为此接受定期的管理学培训。在摩根大通、花旗银行等金融公司，都有形成规律的培训制度，定期将不同年龄、不同背景的银行家和经理们派驻到国外机构学习、工作，并参加各种培训会议，确保他们积累丰富的经验。在杜邦公司，即使是受到高等技术教育的员工，也会定期从研发部门进入加工部门、市场部门、管理部门，直到公司的不同领导岗位……

可见，想要让企业拥有越来越出色的员工，企业必须有所投资，为人才的定期培训付出心血。

对一般的中小企业而言，人力资源情况通常较为严峻，在公司规模和格局的限制下，人力资源挑选范围较小、培训力量不足，任用和考核也难以正规化、制度化，因此很容易产生人力资源匮乏的现象。想要破解这样的困局，更需要加强定期培训，提高员工自身水平，加强他们的专业能力。

在制定定期培训制度中，HR 管理人员应该多关注下面的要点。

7.2.1 培训方式的不同

定期培训和不定期培训在方式上有显著不同，建议企业为每位员工每年至少安排一周左右的脱产培训学习。

在定期培训模式中，培训部门应该在每年的年初拟定计划、申请经费，并将计划和经费分别提交给人力资源管理部门和财务部门，获得高层同意后，需要培训的部门可以进行培训教学安排、课程安排，每期授课结束后，对参加培训的员工进行测试，测试合格者要颁发合格证。在培训结束之后，要将考试成绩记录放入员工档案，并作为年终考评依据。

7.2.2 挑选定期培训内容

根据不同工作项目对员工技能和经验的需求，HR 管理人员应该多方面搜集信息，从而正确判断企业、部门、项目和个人所需的定期培训，按照不同技能的复杂程度，从中挑选出最有必要的内容设置定期培训。

例如，公司以销售业务为主，对员工的定期培训就应该侧重市场营销策划、销售技能、售后服务能力等。如果是生产型企业，就应该以生产管理、质量管理等为主。

7.2.3 安排定期培训时间

定期培训的时间选择应该综合整个企业的运营规律，通常而言，挑选每个业务部门不太繁忙的时间段进行培训，能够很好地错开业务高峰期。对于那些始终繁忙的业务部门，HR 管理人员应该事先做好沟通，确定他们所需要的最少工作人手数量，然后计算出每次定期培训能安排的员工数量，进而确定该部门能够接受的培训时间安排。

7.2.4 管理定期培训计划

如果企业较大，则应该由培训部负责主导全体员工的定期培训工作计划，但一般中小企业内制订和管理定期培训计划的依然是人力资源部门，并由公司的行政部门协助。

对于定期培训，人力资源部门应提前将之纳入公司人力资源发展计划，每年年底之前，人力资源部门应该通过会议、通知等形式，要求各个部门提前申报下一年度的定期培训计划，并填写登记表上报公司高层批准。

除了由公司人力资源部门负责的集中培训外，HR 管理人员还应该着力推行不同部门内部的定期培训。例如，部门内部进行定期班前、班后会议，通过这种看似简短的会议，让员工及时从每天的工作中学习到短期业务，也能让基层领导掌握员工每天的工作情况、成长情况并及时关注。这样的定期培训不仅可以帮助员工及时解决工作中的问题，也能充分发挥培训过程中的沟通作用，便于员工及时对自身情况和业绩进行分析，同时和领导积极沟通。

定期培训是企业培训员工的强大手段，通过不断的培训，提升员工的能力，增加其经验，进而带动整个企业的业绩增长。

7.3 如何选择内部培训和外部培训

在企业的人事培训工作中，最常见的有两种模式——内部培训和外部培训。这两种培训模式都能产生良好的效果，那么HR管理人员应该如何选择呢？

想要回答这样的问题，必须先了解内部培训和外部培训的不同。

（1）内部培训是指企业为了提升员工的素质或者技能，促进员工改进效率，凭借企业自身资源和力量进行培训和学习的活动。内部培训的内容通常来自企业实践，培训师也是企业内部有经验的员工和领导，他们对各自岗位工作有着较为深刻的认识和经验，因此，他们往往很清楚员工身上存在哪些问题、有哪些需求。从经济上来看，内部培训成本较低，远低于外部培训，还能实现员工之间能力和经验的传承，加深组织的沟通力和凝聚力。

然而，凡事有利也有弊，相比外部培训，内部培训同样存在弊端。

首先，培训师可以选择的空间有限。内部培训的培训导师毕竟是从公司内部岗位上挑选出来的，真正合格的、充分具备培训能力的员工即使有，也可能因为其自身工作而无法集中精力。

其次，内部培训师虽然有大量工作经验，但这些经验绝大多数都来自于自身的教育经历和工作经验，不可避免地有一定的局限性，不可能完全适应企业未来的发展，更难以起到开拓员工思路、培养他们创新理念的作用。

与内部培训相对，外部培训可以有效地解决内部培训存在的瓶颈，帮助不同规模、不同类型的企业，利用培训手段打造截然不同的员工队伍。

（2）外部培训是指员工利用外部资源学习并不断提高自身能力。外部培训虽然成本较高，但越来越多的企业愿意选择这一模式，因为HR管理人员大多从以下角度考虑。

首先，外部培训能够聘请高质量的培训师，挑选范围较广，由于外部培训师都经过专业训练、考试和认证，有丰富的培训课程经历，所以在培训业务知识的深度和广度上超过了企业内部培训师。此外，通过外部培训师的引入，能够传递更全更新的理念和经验。

当然，外部培训模式也并非毫无局限性，例如，外部培训成本较高，如果培训需求大，企业很有可能无法承担；企业如果不能和外部培训师进行相互之间的充分了解，培训课程有可能并不适用，难以达到预期效果。

综上可见，内部培训和外部培训的选择并非是非此即彼，最好的方式是将两者有效结合并灵活选择，才能将内部培训和外部培训的优点都发挥出来。

下面是选取内部培训或外部培训的不同方法和原则。

7.3.1 根据企业财力选择

建议人力资源部门首先针对公司目前的财务情况进行了解和分析，同时计算出外部培训所需要的预算。在做好准备工作后，HR 管理人员可以用具体的数据和财务部门领导、公司领导沟通，了解企业是否有能力接受外部培训。

7.3.2 了解员工是否适应外部培训

如果员工经验较浅、知识结构单一，例如实习员工、新员工或基层员工，通常可以选择内部培训。因为这些员工进入工作岗位不久，需要了解企业的运作机制、熟悉企业的整体文化，在这方面，内部培训师具有较强的优势。

反之，如果培训的是高层管理者或骨干人员，他们需要的是更加开阔的眼界、更长远的格局，如果此时不提供外部培训力量，就会导致整个企业在思维理念上的落后。

7.3.3 分析需要参训的员工数量

员工数量看似只是个绝对的数字，但其多少也会影响对内外培训方式的选择。

（1）当需要参训的员工数量较多时，可以以内训为主。因为外部培训机构通常以参训人员数量收费，如果培训覆盖范围大，企业将会面临高额成本，同时，并不是所有接受培训的员工都会为企业创造出高价值，因此这样的投入很有可能达不到应有回报。

（2）当参训的员工数量较少时，可以考虑外部培训。因为外部培训虽然费用较高，但个别员工的培训成本并不会从总体上占用企业太多的预算成本。另外，由于人数集中，培训效率较高，能够传递更多的理念、培养更高的技能，这样的培训很有可能为企业带来充足的回报。

7.3.4 分析外部培训机构是否适合

目前，外部培训机构良莠不齐，在决定培训方式时，应该充分了解不同培训机构的特点。例如，除了专业培训公司外，还可以选择商学院、高校管理学院或者管理咨询公司等，一般来说，商学院和高校管理学院比较偏重管理理论等培训领域，专业培训公司偏重基层员工的训练，管理咨询公司则适合管理方面的培训。

如果想要进一步了解培训机构，进而决定是否选择外部培训公司，应该参考下面的因素：

· 培训机构的声誉。

· 培训机构成立的时间。

· 培训机构人员构成、员工任职资格。

· 培训机构曾经的培训项目和客户。

· 为客户提供的资料。

· 培训效果证明。

· 培训机构对本行业和本企业发展状况的了解程度。

· 培训机构能够提供的资料与服务内容。

· 培训项目的时间和费用等。

通过上述步骤，HR 管理人员应能够根据不同情况为企业的培训项目选择合适的方式，最大程度发挥培训成本的应有效用。

7.4 如何请到合适的培训师

随着企业培训市场的繁荣，培训师成为高收入的金领人群，尤其是随着“TTT”和“PTT”等专业资格考试的推出，更引发了培训师这一行业的全面提升，但是市场上培训师良莠不齐，令受训企业无所适从。

客观地说，培训师和国家教师不同，目前，培训师虽然有资格考试，但没有强制性的资格管理制度，进入这一行业的门槛并不高，因此有可能出现水平参差不齐的现象。其主要表现如下：

（1）胡乱包装。一些原本水平一般的培训师突然成为著名培训专家，名片上的头衔很大，甚至从未出国工作过的人也自称为国际级导师。

（2）业绩虚构。打开一些培训师的个人介绍，其中虚实难辨，有人称自己获得过大奖，但其实并不权威和知名，也有人声称自己曾经培训过 100 家世界著名企业，但拿不出像样的证明。

（3）经历虚构。培训师明明没有在大企业担任过什么职位，却在个人简历中介绍“曾经担任过某著名企业人力资源管理职位”。

（4）掩盖能力。一些培训师上课时只注重姿态、演讲的激情，喜欢用做游戏、喊口号和讲笑话带动气氛，这样的培训师固然会受到员工当时的欢迎，令他们听课时倍感激动或轻松，等培训结束之后，对企业却没有多少益处，甚至一些培训机构也养成了这种“职业风气”，无论什么课程都以游戏为主，反而喧宾夺主。

即使培训师并不存在上述问题，也并非随意挑选出的人选就必然适合每家企业。

每位优秀的培训师都有各自的特长、能力和侧重领域，某些培训师擅长实操性的技术传授，某些培训师则注重打造管理能力，另一些培训师则强调个人经验基础上的思维模式积累……如果盲目邀请，就会误导整个企业的培训，浪费企业的人力资源成本。另外，培训师的出场费不断攀升，但并非价格越高的培训其价值越高，应学会排除人为的包装与炒作，透过表象挑选出最合适的培训师。

那么挑选培训师要看对方怎样的能力和素质呢？根据实际经验，培训机构对培训师的前期介绍必然会包装，以便宣传，所以需要从以下方面了解培训师是否适合本企业。

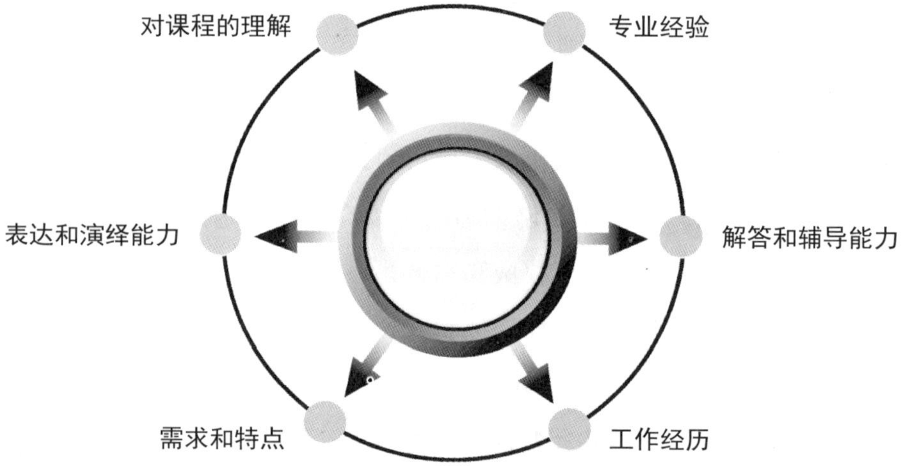

7.4.1 对课程的理解

在和培训师面谈沟通时，HR管理人员要多了解对方基本功是否扎实、专业造诣高低如何，因为这是决定对方培训能力的基础。其次，要通过对方的言谈大致了解其是否真正能够理解课程，掌握课程的重点。当然，想要看懂这些，HR管理人员要对课程充分熟悉，才能有效判断对方水平的高低。

7.4.2 专业经验

在和培训机构接触时，可以直接找对方索要一份培训师的个人工作履历。因为职业培训需要有良好丰富的工作经验，这样才能指导企业员工的职场成长。例如，营销培训师必须要有正规企业的营销主管、总监级别的工作履历。用这样的标准去挑选培训师，才会更加明确自己的目标。

7.4.3 解答和辅导能力

培训始终是双向的，如果只有培训师单向的传授能力，很难说培训会产生什么准确的效果。正因如此，培训师要引导学员提出问题，并能够给出准确的回答，对于专业技能的培训，则需要培训师具有辅导能力和相应工作技能。因此，HR 管理人员在和培训师面谈时，不能只注重对方的传达能力，更要主动提出问题，观察培训师是如何给出答案的。

7.4.4 工作经历

HR 管理人员可以根据其个人简历给培训师工作过的企业打电话或走访了解，这一方法简单实用，不但能够防止履历造假，还能够听取其供职单位的建议。即使培训师知道也不会介意，因为真正负责的培训师并不担心客户了解其经历。

培训是人力资源工作的重要环节，需要擦亮眼睛在市场中寻找适合的培训师，让企业培训效果得到提升。

7.4.5 需求和特点

在挑选培训师之前，应该确定企业自身的需求和特点。一般情况下，国企如果开展培训，尽量选择具有国企工作经历的培训师，如果选择有外企经历的培训师，很容易出现语言表述问题。又如，中小企业尽量不选择大牌培训师，因为他们的工作经验基本上都针对大企业，并不适合中小企业。

7.4.6 表达和演绎能力

培训师的个人知识储备、经验积累固然重要，但在面谈时，HR管理人员也应该从多方面观察其表达和演绎能力。例如，其口语能力、肢体语言等能力因素是否符合本企业文化，这其中有专业技巧的高低区别，也有契合与否的问题。例如，经历背景主要集中在国外的培训导师，很可能其表达更为国际化，这样的培训师适合外企，并不适合中小民营企业。

最后，选择培训师也应关注其年龄，一般来说，35～55岁的培训师较为适合，过于年轻的培训师经验不足，过于年长则知识陈旧。

7.5 员工培训与管理者培训因人而异

企业培训应该全面、系统，不能盲目培训，HR管理人员必须根据培训对象的层次、实施培训的时间、地点以及培训内容和性质进行区分，形成立体的培训分类模式，从而为企业制订有效的培训计划提供依据。

7.5.1 培训人群分类

下面介绍不同员工的培训重点。

1. 企业领导者培训

企业领导者主要包括总经理、副总经理等，其培训的要点在于管理理论素养、决策能力、组织能力和指挥能力等。

2. 企业职能部门的领导培训

对于不同职能部门的负责人，应主要集中于培训其本部门各项工作的相关知识，包括社交知识、人际关系知识和行政管理知识等，此外，还有主持部门的能力、组织管理能力等。

3. 专业技术人员培训

企业内部的专业技术人员，包括会计师、经济师、人力资源助理等不同类别、不同层次的专业人员，培训的重点在于提高其专业技术水平，增强他们从事专业工作的能力，促进其和不同类别员工之间的沟通和协调，并确保他们能够从公司的整体利益出发，促进合作意识。

4. 基层负责人

企业基层负责人包括分公司负责人、车间主任或者工段长、班组长等，这些员工是公司执行层面的组织者、领导者，他们不但要通过培训了解和学习应有的专业技术，还要具备组织和指挥的能力，掌握现代管理方面的知识等。因此，HR 管理人员应将这些内容作为他们的培训重点。

5. 营销人员

营销人员是企业重要的工作群体，他们的工作能力和企业业绩有着紧密直接的联系，在邀请培训师为营销人员培训时，下面的课程内容尤为重要。

· 营销知识，如市场细分、渠道管理。

· 开发客户知识。

· 销售知识，包括拜访客户、签约、收款催款、客户管理、客户服务等。

· 商务礼仪知识。

6. 普通员工

普通员工是企业内部人数最多的群体，对于他们的培训课程，应该从下面这些角度进行整合。

（1）集中于技术方面。通过培训课程，能够让他们熟悉新技能、会使用新设备等，这些素质的提高将会充分体现和反映在企业的利润指标上。

（2）工作经验传授。通过培训，向全体员工传递工作经验，改变错误或者不良的工作方法，以工作经验的积累和改进促进工作质量的提高。

（3）纪律培训。在实际业务培训中，让全体员工了解到自身工作和其他岗位工作环节的联系，增强他们自觉遵守劳动纪律的责任心。

（4）心态培训。指导基层员工改变观念、调整心态，帮助他们获得积极、平衡、愉快的情绪，进而改善整个企业的工作氛围，建立企业的优良文化。

7. 新员工

新员工培训是指企业向新员工提供的有关基本情况培训，帮助他们尽快进入角色，其中主要有以下几点内容。

（1）介绍企业的经营历史、宗旨、规模和发展前景，激励员工努力工作。

（2）介绍公司规章制度、岗位职责，使得他们能够了解公司的章程，并积极遵守。

（3）介绍公司内部组织结构和权力系统，了解不同部门之间的工作流程，进行信息沟通。

（4）业务培训，使得新员工能够全面熟悉并掌握本岗位工作的技能和信息，并迅速胜任工作。

（5）公司经营范围，包括产品、市场、顾客和竞争环境，增强新员工市场意识。

（6）企业文化、价值观和目标，让新员工能知道企业倡导、鼓励和追求的理念。

（7）员工规范，例如职业道德、作息制度、开支规定、标准用语、仪容仪态、精神面貌、谈吐着装。

7.5.2 集体培训类型

在一些中小企业内，培训不太可能做到绝对细分，由于这些公司员工数量较少、工作较为繁忙，企业内部往往提供面向全体员工的课程内容，针对这种情况，HR管理人员应该先根据课程性质和目的不同，对其分类，然后再根据类别对应不同的员工。

下面是常见的集体课程的四种类型。

（1）培训内容有关员工的岗位职责、工作流程和具体的岗位专业技能，通过这些内容促使员工胜任岗位要求、顺利开展工作。

（2）和企业介绍、企业文化和规章制度方面内容相关，培训目的是让员工能了解企业，熟悉并遵守企业的规章制度，真正融入企业文化。

（3）培训职业意识、职业心态和职业思维方面的内容，包括如何提升心理素质、调整心态、开拓思路和激发潜能等。

（4）和员工未来职业发展有关的内容，包括未来提升的职业技能，为晋升做准备。

一般而言，中小企业老板、股东更看重上述第一、二类的培训内容，因为他们希望员工满足岗位要求、提高效率，解决工作过失，同时，他们还希望员工进一步认同企业文化并遵守规章制度。因此，如果是老板强势的企业，就应该适当多组织这些培训，既能获得更好的效果，也能得到老板和股东们的认可，获取更多人力资源管理工作上的支持。

相反，如果是总经理、部门经理等管理阶层比较强势的企业，最好选择第二、三类的培训内容，因为经理人团队最关注的不是如何提升员工能力，而是希望员工在培训之后，能够迅速加深对企业规章制度的理解和执行，其行为举止和思想心态可以迅速改变。而通过第三类培训，经理人又能看到在岗员工的综合素质得到统一的优化改善，并看到员工心态的积极变化，从而积极投入工作。

如果企业想更好地凝聚员工、提高忠诚度，那么选择第一、四类培训内容是最好的。因为通过第一类培训，员工更能胜任现有的岗位，避免被淘汰，通过第四类培训，对工作能力突出、对个人职业发展有追求的员工而言，将来的发展将会得到更为扎实的知识基础。

在企业培训内容中，越是面向集体的知识，需要投入的力量和成本越大，其效果虽然不易显现，却能引起充分的重视，对应的是，越是面向管理层或个体员工的知识，虽然成本不如前者，但效果很容易体现在小范围内，并因此获得广泛欢迎。HR管理人员需要审时度势，选择得当，并组织好培训，从而在企业上下产生强大的正面效果，获得充分支持。

7.6 制订员工学习计划

任何成功的企业，总是离不开运营过程中不同业务领域的周密计划，同样，开展员工培训也离不开员工培训计划的制订。当HR管理人员制订计划时，考虑的不仅仅是企业发展规划、实力情况和培训目的，同时也需要关注员工个人和集体的素质特点。

此外，培训计划还应兼顾时效性、实用性、性价比和持续性。

下面是一份实践中形成的XX酒店员工培训计划。

【范文3】 员工培训计划

XX酒店员工培训计划

加强员工培训计划的讲话精神，全面提升企业员工的综合素质和业务能力，推进企业健康快速发展，结合公司实际，制订2016年员工培训计划。

一、员工培训计划——总体目标

（略）

二、员工培训计划——组织领导

（略）

三、员工培训计划——培训内容与方式

（一）员工培训计划：专业技术人员

1. 定期进行专题技术讲座，充分利用酒店的远程教育培训基地，进行新工艺、新材料及质量管理知识等专项培训，培养创新能力，提高研发水平。

2. 组织专业技术人员到同行业先进企业学习先进经验，开阔视野。

3. 加强对外出参加培训人员的严格管理，培训后要写出书面材料报培训科，必要时对一些新知识在公司内进行学习、推广。

4. 对会计、经济、统计等需通过考试取得专业技术职务的专业人员，通过培训和考前辅导，提高职称考试的合格率。对工程类等通过评审取得专业技术职务的专业人员，聘请相关专业的专家进行专题讲座，多渠道提高专业技术人员的技术等级。

（二）员工培训计划：开展学历教育

1. 企业培训中心与大学联合开办化工工艺专业、机电一体化技术专业大专班。通过全国成人高考，对符合录取条件的公司员工进行有计划的集中培训，获取学历。

2. 与大学联合举办化工专业函授本科班；推荐优秀中层以上管理人员攻读硕士学位。提高公司高管人员的学历、业务水平和决策能力，更好地为公司服务。

3. 调动职工自学积极性。为职工自学考试提供良好的服务，帮助职工报名，提供函授信息；调整现有在岗职工学历进修的奖励标准；将学历水平作为上岗和行政、技术职务晋升的条件，增加职工学习的动力。

（三）员工培训计划：酒店领导与企业高管人员

1. 对国家和政府的大政方针的学习，对经济形势和国家有关政策法规的研究与解读。通过上级主管部门统一组织调训。

2. 开拓战略思维，提升经营理念，提高科学决策能力和经营管理能力。

3. 学历学位培训、执业资格培训。

想要打造出一份完善、有效的员工培训计划，HR 管理人员需要注意下面的事项。

7.6.1 先公司计划，后部门计划

通过拟定公司级别的培训计划，HR 管理人员可以将具有共性的培训组

织在一起进行，从而有效降低培训成本，之后，再确定部门级的员工计划，并结合部门内部员工的差距来进行。

公司级的培训计划主要包括岗前管理培训、技术培训，质量管理培训、公司产品培训等；部门级的培训计划应该根据部门培训需求来制订。例如，研发部门的培训计划包括技术管理、创新研究；技术支持部门的培训计划则包括产品知识、应用技术等；销售部门的培训计划主要是销售策略、商务知识等。

7.6.2 明确培训项目

在培训计划中，HR 管理人员应该充分明确不同的培训项目信息，一份完整的培训项目信息包括下面的因素。

· 培训时间，即培训的月份、日期。

· 培训类型，即外部培训或内部培训。

· 培训名称。

· 培训方式，采取讲座或讨论或授课形式进行培训。

· 参加人员，包括哪些部门或何种级别职位的员工参加。

· 费用预算等。

7.6.3 培训计划讨论

HR 需要在制订企业员工培训计划之前和培训对象有效沟通。

例如，部门级的员工培训计划应该和部门经理讨论，在讨论中，HR 管理人员应该邀请对方提出对培训内容和预算的看法和建议。另外，还应该事先提醒部门经理：部门级的培训更多是由部门组织，人力资源部门或培训部门只是负责协助，这样可以有效防止培训实施过程中的管理纠纷。

另外，在制订培训计划时，可以集中通知一些工作技能不足的员工，告知他们已经作为培训计划中的重点培训对象，这样可以让他们有一定的培训压力，能够在培训开始之后更加积极主动地投入。

在进行了上述综合考虑之后，可以着手制订企业员工培训计划了，通常可以用下面几个步骤来完成。

（1）明确企业和部门的战略目标、年度目标：会同企业主要管理人员共同研究企业的运营目标，找到需要改进的不足之处，并进一步研讨何种培训能够改变现状、实现目标。

（2）调查员工的培训需求：将员工的一般需求和个人需求整理合并，转变成为培训的整体目标。

（3）制订具体培训目标：围绕企业和员工需求，将培训列入不同的方案中，具体设计各项培训活动的安排过程。

（4）确订课程内容、培训方式、培训机构、培训导师、员工对象。

（5）编写培训计划表。

（6）培训经费预算，将不同的培训方案集中后，计算总费用，总预算包括各项培训活动所需要的经费、器材、设备、教材、教育、活动费用等。

（7）年中对培训工作进行评估。

（8）年终总结。

7.7 如何准确评定员工的培训效果

培训的主要目的是提升人力资源的质量，因此，企业需要对人力资源培训项目进行全面、系统的评估，通过评估，获得对培训的描述性和评判性信息，从而便于对培训活动进行持续改进，做出更加明智的决策。

沃尔玛在对其门店职员进行培训时，培训师尤其注重和培训对象之间的关系、内容理论和实际操作的关系、强制性培训和自主性培训的关系，并能够在培训之后积极开展评估，从而提升效果。

在沃尔玛的培训结束之后，企业人力资源管理部门和培训师会共同开展下面的工作。

首先是对培训检查制度进行强化，人力资源部门对员工的培训情况会进行定期和不定期的检查监督，从而提高员工对培训的重视程度，端正他们的态度；其次是对培训效果直接进行评估，并根据评估结果，调整下次的培训内容和方案；再次是对培训评估中表现出较大进步的员工进行奖励表彰，从而树立标杆和榜样，对评估过程中表现普通的员工起到积极正面的激励作用。最后是培养其中表现优异的员工，让他们成为员工中的指导教师，能够在培训工作上和培训师配合完善培训体系。

沃尔玛的做法取得了很好的效果，同时也说明实施评估并不只是确定和邀请评估师那么简单，能够掌握培训评估的方法和工作流程是非常重要的。只有通过评估，才能了解和确认某个评估项目是否达到预期目标，并借以提高个人和组织的整体绩效。

HR管理人员可以从培训效果评估的内容、方法和流程上加以研究。

7.7.1 培训效果评估内容

整个评估过程分为三个阶段，分别是培训前评估、培训中评估和培训后评估。

1. 培训前评估

培训前评估内容包括培训需求，参训员工的知识、技能和态度，员工目前工作成效和行为特点，培训计划是否得当。

2. 培训中评估

培训中评估内容包括如下几项。

（1）参与状况检测：目标群体参与度、培训覆盖度、参与热情和持久性。

（2）内容检测：内容构成成分、培训强度、培训量、培训频率和时间长度。

（3）培训进度和中间效果：培训机构准备工作、参与培训员工表现情况、培训内容和形式、培训讲师评估、培训现代化设施应用评估。

（4）培训环境监测评估。

（5）培训师监测评估：培训机构规模、特征，培训机构内部分工，培训机构运行机制，培训讲师的素质和能力，培训讲师工作安排，培训讲师工作态度。

3. 培训后评估

（1）培训目标达成情况评估。

（2）培训效果的综合评估。

（3）培训工作者绩效评估。

【附表 21】 受训人员报告书

年　月　日

<table>
<tr><td colspan="2">培训名称</td><td></td><td>学员姓名</td><td></td></tr>
<tr><td colspan="2">培训时间</td><td></td><td>培训地点</td><td></td></tr>
<tr><td colspan="2">培训方式</td><td></td><td>使用资料</td><td></td></tr>
<tr><td colspan="2">导师姓名</td><td></td><td>主办单位</td><td></td></tr>
<tr><td rowspan="2">培训后的检讨</td><td rowspan="2">培训人员意见</td><td colspan="3">受训心得（值得应用于本公司的建议）</td></tr>
<tr><td colspan="3">在培训启发下想到对公司的一些建设性意见</td></tr>
</table>

（续表）

		对下次派员参加本训练课程的建议事项
	主办单位意见	

7.7.2 培训效果评估方法

1. 非正式评估

非正式评估不需要 HR 管理人员记录所有信息，但他们可以记录自己发现的、认为对评估有价值的信息，例如参训员工的表现、态度和困难。

非正式评估方法包括面谈法、观察法和集体谈话法等，可以在员工不知不觉的情况下，对其进行观察。由于员工对评估的态度更加容易在非正式场合流露出来，所以减少了正式评估带给他们的紧张和不安，也不会给培训对象带来太大压力，能够体现资料的真实性，增强评估结论的客观性和有效性。

另外，非正式评估方便、简单、易行，并不需要花费太多的时间和资源，从成本和收益的角度来看非常值得。

2. 正式评估

正式评估通常由人力资源部门专门进行，并提供给企业高层作为决策依据。

在正式评估中，HR 管理人员需要准备详细的评估方案、测试工具和评判标准，因为这种评估需要尽量减少员工主观因素的影响，从而确保评估的可信度。同时，正式评估的关键点不在于评估者个人，而在于评估方案和工具。

正因如此，正式评估主要在数据、事实基础上进行判断，因此使得评估结论更具有说服力，也更容易用书面形式加以表达。当然，在某些形式的正式评估中，也并非完全排除评估者主观因素，但需要 HR 管理人员清楚评估结果中哪些是主观的、哪些是客观的。

正式评估主要包括下面两种方式。

（1）建设性评估。在培训过程中，以改进为目的，对项目进行评估。

建设性评估的结论将会作为培训项目改进的依据，也可作为参训员工改进自我的参考。为此，建设性评估的频率不能太高，否则会让参训员工感觉自己参与的培训过于简单乏味。

（2）总结性评估。这种评估是指在培训结束之后，对参训员工学习效果做出评价，并借此决定培训项目是否还能继续。

总结性评估主要关注培训项目能够让员工获得怎样的改进，对于长期培训，HR 管理人员必须定期对员工进行阶段性测试，确保能够全面评估学习内容。

【附表 22】 员工培训感性认知测评表

一、公司理念

项目	评定
了解公司经营理念	
能随口说出公司理念	
对经营理念很认同	
以公司理念为荣	
能就公司理念写出深刻的感想	

二、公司价值

项目	评定
了解公司存在的意义	
了解公司的社会使命	
了解公司利益与社会利益的关系	
了解创造公司利益的重要性	
了解自己的利益与公司利益的关系	

三、公司概况

项目	评定
能画出公司组织结构图	
了解各部门的工作职能	
了解公司产品	
了解公司产品特征、优点	
能说出公司资产、收入等基本数据	

四、公司历史

项目	评定
了解公司历史	
了解创业者的信念和创业历程	
认同公司优良传统	
了解并接受公司标准色、标志和标准字	
热爱公司	

五、行业知识

项目	评定
能说出公司所处的行业	
了解行业概况	
了解公司在行业中的地位	
了解公司在行业中的奋斗目标	
能对提高公司在行业中的地位提出建议	

测评日期：　　　　初评：　　　　复评：　　　　审核：

【附表23】 员工培训实绩测评表

________：

本部已于　年　月　日对你部门同志进行了培训，现对其实绩进行调查，以利于我们今后改进培训工作。请你部填写下表，并于　年　月　日前交我部　　同志。

人力资源部

年　月　日

测评项目	改变很好	略有改变	无改变	变差	很差	不明确
1. 工作量提高情况						
2. 工作质量提高情况						
3. 安全意识变化情况						
4. 成本意识变化情况						
5. 出勤情况						
6. 团队合作情况						
7. 敬业精神						
8. 勤奋程度						
9. 忠诚度						
10. 奉献精神						
11. 工作主动性						
12. 责任意识						
13. 宽容心						
14. 感恩意识						
15. 自信心						
16. 意志力						
17. 工作热情						
18. 个人品性						
19. 其他						
综合评价						

填表部门：　　　　　　　　　　　　　　填表人：

7.7.3　培训评估流程

培训评估流程是对培训进行修正、完善和提高的重要手段，也是上述培训评估方式中必不可少的程序。

（1）评估培训师。由培训项目的组织管理者（一般是人力资源部门员工）

组织参训员工，采用问卷形式和不记名形式对培训师进行考评。

（2）培训管理的考评。同样由组织管理者组织参训员工，针对培训内容、时间、形式、后勤保障等方面进行考评。

（3）应用反馈。在培训后，参训员工回到工作岗位上工作一段时间之后，由企业人力资源部门对其工作情况进行考察。

（4）完成培训评估总结，并将有关资料存档。

评估培训效果并非只是寻找培训的不足，通过评估，HR管理人员能够对培训深入分析并不断改进，从而促成培训目标的最终实现。

7.8 帮助员工制订职业生涯规划

社会不断发展，企业中员工对自身的要求和期望也在不断发生变化。为了实现更好的事业与生活，越来越多的员工开始重视职业生涯规划。虽然员工自身是职业规划的主体，但人力资源部门需要沟通、辅导和帮助员工做好职业规划，从不同层面加以引导，给他们的职业生涯规划提供支持。

7.8.1 职业生涯通道类型

想要真正为员工提供职业生涯规划，就应该重视职业生涯通道的设计。下面是某生产制造企业中人力资源部门为员工提供的职业生涯通道。

【范文4】 职业生涯通道

职业类别	六级	五级	四级	三级	二级	一级
一线管理	实习	试用	助理岗位	主岗位	后备 技术干部	技术负责人 或项目经理

（续表）

二线管理	实习	试用	主岗位	后备 管理干部	部长或部门 经理

1. 一线管理类

包括公司项目部和机械租赁公司技术岗位人员，具体有施工员、质检员、化验员、资料员、核算员、材料员、安全员，其职业发展通道如下：

（1）纵向职业发展通道

实习—试用—助理岗位—主岗位—后备技术干部—技术负责人或项目经理

技术类纵向职业发展通道遵循逐级晋升的原则。

（2）横向职业发展通道

· 员工可以在一线管理类岗位间转换岗位。

· 鼓励一线管理类员工转换职业进入二线管理类职业发展通道。

2. 二线管理类

根据其工作内容可以细分为综合管理、生产管理、质量技术管理、财务管理、人力资源管理、市场开发管理五类，其职业发展通道如下：

（1）管理类岗位纵向职业发展通道

实习—试用—主岗位—后备管理干部—部长或部门经理

（2）横向职业发展通道

· 员工可以在二线管理类岗位间转换岗位。

· 支持二线管理类员工转换岗位进入一线管理类职业发展通道。

显然，通过制订严谨的转岗、换岗条件和程序，该企业人力资源部门帮助员工获得了良好的职业规划空间。

7.8.2 职业生涯规划步骤

从人才管理角度来看，规划员工职业生涯有下面的步骤。

1. 认识企业环境和员工期望

建设职业发展体系能够充分发挥员工的能力，并挖掘他们的潜能。

（1）梳理企业的环境。有必要先分析企业未来发展方向和趋势，对企业将要面临的不同变化因素进行评估，由此分析出企业的发展能够为员工个人带来怎样的提拔、转岗、换岗机会。

（2）分析岗位体系。在企业现有的岗位体系基础上，结合企业发展目标，对未来的岗位体系预测分析，并进行职务、层级上的具体描述和划分。

（3）了解员工期望。通过对所有员工进行问卷调查、访谈等方法，了解他们在职业发展上的想法。

2. 编制《职业发展规划书》

着手编制《职业发展规划书》，并将换岗、转岗、晋升和离职等途径的实现条件和步骤加以明确，设计出完善而系统的职业发展体系。随后，将职业发展规划书发放到员工手中，要求他们按照自己实际情况填写。

3. 对员工进行评估

人力资源部门应选择适当的方法和工具，将员工目前的能力、业绩同其目标岗位之间的任职资格和条件进行比对，对于那些差距很大难以胜任工作的少数员工，应该建议他们离职；对于适合离开现有岗位的员工，可以建议他们转岗或换岗；对于业绩和能力足够出众的员工，则可以进入晋升程序。

4. 职业发展保障

职业发展保障即员工职业生涯规划目标的落实，有三个方面的内容：

（1）各部门的人员需求计划。各部门根据工作需要，以岗位定员为基础，深入分析现岗位人员晋升或转岗的情况，结合下级职位上的员工晋升和岗位员工转岗的计划，填写本部门“员工需求计划表”。

（2）员工的职业发展规划。根据员工个人专业特长、职业发展意愿，以单位人员需求计划为依据，确定员工未来职业发展的目标，即拟晋升或转换进入的工作岗位，并提出为实现发展目标所需要的培训或转岗计划，形成“员工职业发展规划表”。

（3）落实计划的保证措施。一是根据员工职业发展规划和单位人员需求计划，组织开展有针对性的员工培训；二是经过规定的员工选拔、调配程序实现员工轮岗或职位晋升。

员工职业生涯规划离不开员工和人力资源部门的共同参与和设计，HR管理人员理应不断在工作中为员工提供更多机会，实现企业的发展，打造企业与员工的双赢局面。

第8章 解疑难，办离职：与员工缔造“心灵契约”

· 员工不满薪资怎么办

· 如何巧妙地辞退员工

· 如何应对劳动争议

· 挽留员工的人不如挽留员工的心

· 员工离职流程

8.1 员工不满薪资怎么办

薪资多少是企业中许多员工最关心的事情，事实却具有讽刺性：当薪酬较高时，员工并不一定满意他的工作；当薪酬较低时，员工一定不会满意他的工作，从而导致工作积极性下降，影响企业生产效率。

8.1.1 员工对薪资不满的四种情境

情境一：低于员工自我期望值

员工A："我本来以为这次加薪能提高10%，没想到就给我这么一点儿，真不想干了！"

员工B："谁说不是呢？我也觉得太低了，还完房贷车贷，我还剩几个钱！"

员工非常了解自己的生活需求，他们无时无刻不用这些需求来促使自己工作，想要满足需求成为员工在企业内所期待的目标。因此，当员工拿到手的薪酬低于这种目标时，无论具体数量是多少，都会成为他们不满的原因。更进一步，员工究竟有多大不满，同薪酬的增加幅度、员工自我感觉和其生活方式有重要关系。

情境二：低于最高水平

当员工们听说销售部员工小杨年底拿到了3.5万元的奖金之后，他们开始聚在一起抱怨。有人说，销售部之所以业绩好和售后支持部门分不开，凭什么售后的提成低，也有人说，自己是因为不会和领导处关系才被调出销售部，如果自己在，早就超过这个业绩了……在HR经理和老板根本还没反应过来的情况下，不大的公司内已经谣言四起。

尤其在中小企业，员工相互之间接触的时间很多。因此，同事中最高薪酬数字无论怎样保密，迟早都会被其他员工知道，员工也会不由自主地将这个数字和自己的薪酬进行比较。在这样的比较过程中，员工认为自己从能力到信心都受到打击，甚至连自尊心都受到伤害。

情境三：高估他人薪酬

总经理办公室新招聘了一位研究生学历的助理，听说他是国外名校毕业生，而且有很广的人脉。于是，一些员工开始传得沸沸扬扬，说这位助理虽然天天不做什么事情，却拿着七八千元的高薪……

由于不少企业遵循保密薪酬发放原则，员工并没有办法从公开渠道了解他人薪酬数额，各种主观臆测和小道消息成为了解整个企业薪酬结构的唯一依据。在舆论传播的过程中，员工会有意无意地将其他人的薪酬放大，并低估同事的付出。在这种心态下，员工显然会感到不公，并产生不满。

情境四：心理感受影响

在X企业的市场营销部门，部门经理对员工呼来喝去，动辄就严厉批评。同时，他绝对禁止内部员工私下讨论薪酬问题，一旦发现就“清除”出本部门。结果，这个部门中的每位员工都在内心认定自己的薪酬最低。后来，该企业进行改革，每个部门都采取年底公开考核结果的方法，同时，该经理被调任，新来的经理很懂员工心理，采取刚柔并济的方式进行管理。不久之后，员工们感觉薪酬似乎并不低了。

薪酬的构成因素并非只有货币多少，从实际层面而言，员工在企业内的快乐程度决定了他们眼中薪资的高低。换言之，当员工对工作环境有种种不满时，他们很有可能并不愿意去寻找太多原因，而是简单地将薪酬问题看作导火线。

8.1.2 消除员工不满的六种方法

员工对于薪酬产生不满，还可能有其他原因，例如，员工认为工资应该和企业效益共同上涨甚至提前上涨，认为薪酬分配的程序和方式滞后……面对上述种种问题，HR管理人员千万不能熟视无睹，而是要在员工真正对薪酬爆发抗议之前，就积极寻找机会消除这种不满。

1. 积极进行薪酬满意度调查

HR管理人员应该经常对薪酬满意度进行调查，通过内部调查了解员工怎样看待薪酬福利水平、薪酬结构、薪酬决定因素、薪酬调整和发放方式等，并在调查基础上，征询前员工对企业薪酬管理的看法和期望。

2. 及时、公开和准确地测评岗位价值

HR管理人员应该尽早在企业内部，运用科学方法，测评企业不同岗位的职责、难度和技能要求，评估出不同岗位的相对价值，并划分出对应的薪酬等级。

为了让岗位相对价值的评估更准确，还应该在企业公开建立一套规范、

合理和公正的岗位评估体系与程序，这样，岗位之间价值无论有怎样的不同都能一一展现，并形成企业的传统，从源头解决员工内心认知公平问题。

3. 设计多轨制的工资体系

为了避免员工之间横向比较产生不公平感，可以采用多轨制工资体系，即对不同类别员工采用不同工资体系。

· 企业高级管理者采用年薪制度。

· 普通部门管理者采用岗位工资制度。

· 技术人员采用技能级别工资制度，即按照员工技能水平、技能工作数量等确定工资等级。

· 销售员工采用底薪加业务提成制度。

· 生产员工采用计时或者计件制度。

不同工资体系中，薪酬水平可以横向重叠，这样即使员工进行横向比较，也能感觉到公平性，并看到自身薪酬体系的加薪空间。另外，在同一体系内，应该设置较宽的薪酬幅度，确保在同一类别的员工中上下等级能够有一定重叠，这样薪酬体系会有更大心理激励作用。

4. 将能力和薪酬密切挂钩

在企业内部，除了针对岗位加以评估，设置不同的工资体系外，还需要对员工个人能力进行评估，以个人能力作为基础，确定工资。员工的技能从最低到最高，可以划分为不同等级，以此决定他们的工资标准，这样，无论是引入新技术还是调换岗位，一旦员工能够具备更高的工作能力，他们所获得的薪酬自然相应提高。

此外，这样的薪酬制度还能改变企业管理者的工作理念，不同部门领导的管理重点会因此更加清楚地指向利用和提升员工技能，而不是限制其任务和岗位必须一致。对员工来说，他们会在这样的薪酬结构下，更关注自身的发展。

5. 鼓励员工参与薪酬制度设计和管理

实践证明，当员工能够参与薪酬制度设计管理之后，他们会对薪酬更加满意，提出的反对意见更少。因此，在企业制定薪酬制度时，有必要听取员工的意见，邀请他们提出各自的看法，促进员工对企业的信任，让薪酬系统变得更加全面和人性化。

6. 根据实际情况调整薪酬发放方式

在企业中，之所以有员工抱怨薪酬太低，很大程度是因为薪酬发放方式存在缺陷。如果能够适当改变薪酬发放方式，就能有效减少这种情况。

例如，可以经常性采用绩效工资发放方式，从而让员工的个人薪酬产生较大浮动，提升他们的心理承受能力，降低他们对于薪酬的心理预期。还可以将薪酬化整为零，有效分解年终提成和红利，从而让公司的利润水平直接影响到员工每个月的收入额度。

通过种种支付方式的改变，让员工多一些“意外惊喜”，其薪酬满意度也会自然而然地提高。

员工对薪酬的不满是完全能够消除的，因为其个人利益同企业利益是能够完全融合的，只要顺利解决相关问题，员工就会将不满变成前进的动力。

8.2 如何巧妙地辞退员工

辞退员工是人力资源工作的一部分，然而，许多 HR 管理人员都感觉这是相当棘手的工作，因为辞退员工一旦处理不当，就会造成昔日原本相处和睦的同事反目成仇，并给企业带来种种问题。

某科技公司员工唐某突然接到人力资源部门电话通知，说因为公司经营状况不佳，要求自己离职，唐某感到很吃惊，没有同意。不久之后，人力资源部门直接发出邮件，让唐某到 X 地配合产品研发工作，并降低工资待遇，唐某认为这是在逼迫自己离职，因此也不同意。为此，HR 经理决定，以不愿意履行劳动合同为由解除唐某的工作。唐某对此不服，向当地劳动争议仲裁委员会提出申请……

其实，如果 HR 经理一开始能够推心置腹地和唐某谈心，而并非草率地打电话通知，事情并不会变得如此复杂。

常见的不当辞退有：辞退员工不透明，被辞退者和其他员工都莫名其妙；克扣被辞退员工的工资，这一点在民营和私营企业比较常见；管理者为公司做出过很大贡献，但因为老板的一时冲动而被辞退；被辞退员工离开公司后，公司管理者将问题全部推到其个人身上……这些问题都有可能激化被辞退员工和公司的矛盾，影响公司的美誉度。如果被辞退员工在公司内原本就有较大的影响力，矛盾会进一步放大，导致其他员工人心动摇，产生对管理层的不信任，影响企业凝聚力，甚至导致重要员工选择跳槽到竞争公司，或者创办类似公司，让原公司面临更大的竞争压力。

那么怎样才是正确地辞退不合格员工的方式呢？一般情况下，可以根据不同情况，采用下面几种方法。

8.2.1 因员工业绩不佳而辞退

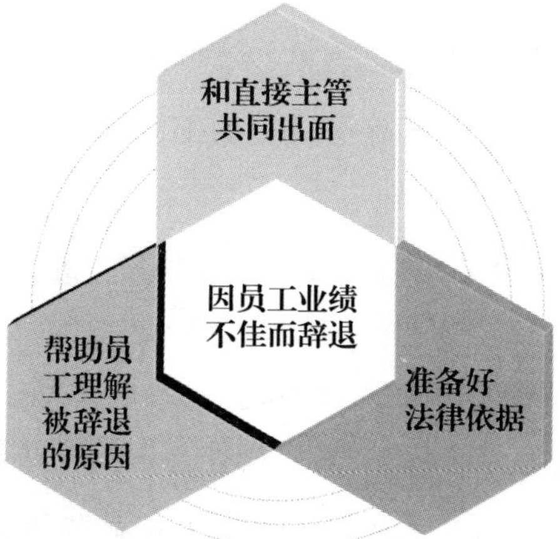

1. 和直接主管共同出面

由于被辞退员工的直接主管对他最熟悉，也最有发言权，因此，可以由HR管理人员邀请直接主管共同和员工谈话，并拿出员工的业绩记录，确保谈话更有说服力。

2. 准备好法律依据

在辞退之前，根据劳动合同规定计算出补偿项，员工每服务一年还可以多给一个月的工资，另外，HR管理人员还可以在权限范围内向高层申请给予员工更多补偿金。

3. 帮助员工理解被辞退的原因

如果情况允许，HR管理人员可以从对方角度思考，和被辞退的员工一起讨论被辞原因，这样能够让对方感受到企业应有的关照，适当时候，还可以给对方一定的帮助，例如帮助推荐工作、写介绍信。

8.2.2 因企业效益问题而辞退

并非只有中小企业才会出现这种情况，事实上，即使世界500强企业，也有可能因效益问题而裁员。在这种情况下，HR管理人员必须先制订全面沟通计划。

（1）战略上，先和所有可能被辞退员工进行非正式渠道沟通，告诉他们公司目前面对的困境、可能的走向，给他们一定的心理暗示。

（2）细节上，和所有需要辞退员工的部门经理共同制定辞退员工的时间表，确定辞退批次。

（3）制定辞退补偿政策，并和管理层、财务部门进行沟通，确定奖励政策。

8.2.3 规劝式辞退

这种辞退方式最为“隐蔽”，具体操作方法是在接到公司高层要求的辞退名单之后，找到其中每个人单独谈话，并明确告诉他们，公司因为某些原因不会再雇用他们。如果明确辞退他们会引起内部动荡，同时也考虑到他们的职业荣誉，规劝其尽早自动辞职，对双方都有利。

采取这种方法，通常是针对那些企业中层管理者，或做出过一定贡献的老员工。在谈话过程中，HR 管理人员应该推心置腹地告诉他们，自己在处理这件事情时也实属无奈，无法表达个人对其的支持，这样，规劝式辞退不仅能达到辞退员工的目的，还可能为自己未来的职业发展带来良好的社会资源。

【附表 24】 离职申请书（辞职、辞退通用）

<table>
<tr><td colspan="2">姓名</td><td></td><td>部门</td><td></td><td>职位</td><td></td></tr>
<tr><td colspan="2">申请日期</td><td>年月日</td><td>在公司
服务年资</td><td colspan="3">由　年　月　日起至　年　月　日
共　年　月</td></tr>
<tr><td rowspan="4">离职原因</td><td rowspan="2">主动离职</td><td>健康不佳</td><td>另谋职业</td><td>志趣不合</td><td colspan="2">服兵役</td></tr>
<tr><td></td><td></td><td></td><td colspan="2"></td></tr>
<tr><td rowspan="2">被动解聘</td><td>开除</td><td>试用不合格</td><td colspan="3">其他因素</td></tr>
<tr><td></td><td></td><td colspan="3"></td></tr>
<tr><td>意见或对公司的忠告</td><td colspan="6">请你说出你心中真实的意见或者对公司各方面经营管理的忠告，我们将永远感谢你。</td></tr>
</table>

（续表）

<table>
<tr><td rowspan="3">核准人</td><td colspan="3">财务部</td><td colspan="3">总务后勤部</td><td colspan="2">本部门主管</td><td rowspan="3">填表人</td></tr>
<tr><td>工资</td><td>借支</td><td>伙食</td><td>缴回</td><td>退物</td><td>记事</td><td>工作</td><td>借物</td></tr>
<tr><td></td><td></td><td></td><td></td><td></td><td></td><td></td><td></td></tr>
</table>

【附表25】 辞职申请表（非作业人员通用）

<table>
<tr><td>姓名</td><td></td><td>部门</td><td></td></tr>
<tr><td>职位或岗位</td><td colspan="3"></td></tr>
<tr><td>进入公司时间</td><td></td><td>离职申请时间</td><td></td></tr>
<tr><td colspan="4">自述原因</td></tr>
<tr><td colspan="4">所在部门意见</td></tr>
<tr><td colspan="4">分管领导意见</td></tr>
<tr><td colspan="4">人力资源部意见</td></tr>
<tr><td colspan="4">总经理意见</td></tr>
</table>

【附表26】 辞职申请书（作业人员专用）

<table>
<tr><td>姓名</td><td></td><td>单位</td><td colspan="3">组班</td></tr>
<tr><td>离职原因</td><td>□就学
□服兵役
□返乡结婚
□另觅他职
□其他：</td><td>申请时间</td><td>年　月　日</td><td>担任职务</td><td>□作业员
□副班长
□指导员
□班长
□品管员</td></tr>
</table>

（续表）

核准	副厂长		科长		组长		班长	
缴回物品	□工作牌 □制服 □物品箱锁及钥匙 □其他： 接收人签字： 年　月　日							
离职手续	总务后勤部		工具科		财务部		人力资源部	

8.3 如何应对劳动争议

相比辞退员工，劳动争议更是HR管理人员职业生涯中不愿意面对的烦恼。在目前法律规定中，劳动者和用人单位之间因为劳动合同的制定、履行、变更、终止和解除等事务问题引起的纠纷，都属于劳动争议。HR管理人员必须拥有妥善而合法处理劳动争议的能力，才能维护企业的利益，确保自身工作的效率。

现实中，一些HR管理人员之所以不能正确面对劳动争议，很大程度是因为他们没有认清自身角色定位，同时缺乏处理技巧。通过下面介绍的知识点，完全可以有效避免劳动争议处理中的错误行为。

8.3.1 劳动合同规范化

在劳动争议中，大多数企业方面的问题都是由劳动合同管理不规范引起的。目前，企业人力资源管理事务中，劳动合同的订立、变更、解除和终止越来越受到重视。

1. 劳动合同文本的保障

HR管理人员应该向不同类型的员工提供不同的劳动合同文本，并依据具体情况对劳动合同文本做出修订。

2. 劳动合同的咨询

HR管理人员应该站在维护员工利益的角度，及时发现其在合同执行过程中遇到的问题，并及时解答员工的疑问，同时协助企业依法执行劳动合同。

3. 劳动合同的解除

劳动合同的解除很容易引发劳动争议，HR管理人员需要根据日常工作实践，依法有效解除与员工的劳动合同，并最大程度地降低企业可能面临的风险，无论是从法律角度，还是从企业实际情况出发，都应该提出切实可行的防范与应对方案，在法律框架内真正保障企业和员工的利益。

如果选择协商解除劳动合同，即根据谁先提出谁补偿的原则进行。如果是企业提出解除劳动合同，需要依法向员工支付补偿金；如果是员工解除劳动合同使企业遭受损失，则应该赔偿损失。因此，员工主动提出辞职申请既能让员工体面地离开公司，也能减少企业解除劳动合同应付出的成本。

当然，即使是做好了劳动合同的保障，劳动争议也依然有可能发生，HR管理人员必须懂得处理好其中的矛盾，防止激化矛盾，并做好争议的调整。

8.3.2 劳动争议的调整方法

最为常见的劳动争议调整方法，包括下面五种。

1. 协商

协商是指由HR管理人员出面，邀请员工在平等自愿的基础上，以公平、合理解决问题的态度，通过相互交换对事实的看法和意见，积极沟通，从而找到解决问题和争议的方式。

2. 斡旋

如果协商失败，HR管理人员可以邀请第三方介入，例如找到当事人的熟人、朋友、导师和上司，帮助双方进行信息传递和意思表达，从而促进和解。

3. 调解

调查是由第三方以国家法律法规和政策为依据，对员工和企业进行劝解，促使相互谅解和协商，并达成协议。其中，调解分为人民调解、法院调解、行政调解、仲裁调解和律师调解等。

4. 仲裁

仲裁是根据法律规定，双方必须将争议提交仲裁机构处理，或由仲裁机构主动对劳动争议进行处理。通过仲裁，员工和企业关于劳动争议的纠纷能够得以平息，当然，HR管理人员要尽量避免通过这种方式解决争议。

5. 审判

作为劳动争议的最终程序，审判是指人民法院根据司法程序，审理和判决劳动争议，同样，作为企业内的人力资源管理者，应该在进入审判程序之前尽力让员工冷静下来，进行沟通，避免对簿公堂给企业造成种种损失。

现代化企业必须建立有效的劳动争议内部预防机制，这样既能够防止劳动争议，也能最大程度地维护企业利益。这样的机制应当是人力资源管理工作中不断维系和建设的重点。

8.4 挽留员工的人不如挽留员工的心

作为企业的人力资源管理者应当充分了解员工的真实想法，学会有效换位思考，并能够在此基础上培养和谐温暖的企业文化氛围，让员工产生归属感和成就感，能够和企业共同成长。这样做虽然会花费企业的成本，但符合企业最大的利益。

小王是某民营企业的人力资源部门主管，该公司有 200 多人，在公司部门调整之后，几个业务重叠的部门进行了合并，由于原技术部门魏经理踏实忠诚，业绩良好，老总决定，由魏经理担任合并之后的产品总监，直接管辖这几个原来部门的成员。

魏经理工作非常投入，然而事与愿违，他上任之后整个部门人心并没有集中，经常有员工离职，最多时一个月有三四名员工离开，其中还有技术骨干。魏经理对此非常着急，但又没有解决的办法。于是，小王找机会和魏经理聊了聊。

小王建议魏经理，在管理员工时要避免脱离具体情况只根据纸面规定去约束员工。例如，有位员工被行政部门认定为多次早退，但其实该员工只是早走了十分钟左右，是为了接放学的孩子，为此该员工每天都是提前来上班，魏经理虽然了解情况，却并没有作为部门主管为员工说任何“好话”……另外，春节期间，火车票难买不说，很多员工也想好好和家人团聚，都会选择请假，但魏经理却缺乏人性化地规定部门员工必须按时返岗，否则除了请假扣款之外还要扣除薪金……

很显然，魏经理管住了员工的人，却没有管住他们的心，在人力资源管理方面陷入了巨大的困境。

想要避免陷入同样的困境，HR 管理人员应当掌握留住员工身心的策略。

8.4.1 量才所用，把好进口关

在人力资源管理过程中，不但要用合适的人，也要合适地用人，这样才能留住员工的心。这需要 HR 管理人员在招聘时就积极分析，把好“进口关”。

例如，一些员工喜欢和较多的同事在一起工作，那么无论小公司的人力资源管理策略如何，他们都会感到失落；一些员工希望工作环境宽松，那么他们就不适应创业公司……只有在挑选员工时注意选择那些精神上可以和企业文化融合的员工，才能留住他们的心。

8.4.2 提供薪酬保障

在留下员工的争夺战中，薪酬是相当有效的手段，只有合理的薪酬体系，才能彰显出企业对员工的尊重和认可。

例如，为了防止重要的技术员工或者高层管理者跳槽，可以借鉴股份制企业的做法为核心员工提供的“降落伞”薪酬制度，即企业一旦被收购或兼并，收购方或兼并方提出更换核心员工或高管时，企业会利用股份、现金或住房等方式进行补偿。这样的薪酬体系就能很好地留住对方的心。

8.4.3 让员工看到自身的变化

HR 管理人员应该在企业内部推行培养文化，让不同部门的领导多给下属锻炼的机会，而不要总是担心他们会被其他企业挖走。想要做到这一点，一方面，HR 管理人员应该调整观念，多从企业整体利益出发，向上级举荐那些有能力的员工，建议他们承担更多工作和责任；另一方面，要采取一些制度化的建议，鼓励不同部门培养员工，从机制上形成吸引员工的力量。

8.4.4 细节关怀

企业能够让员工感怀的并不一定是它的品牌、薪酬，而是企业文化中流露出的细节关怀，HR 必须学会从小事做起，这样才能留住员工的心。

下面这些角度的细节工作，能够产生充分的关怀效应。

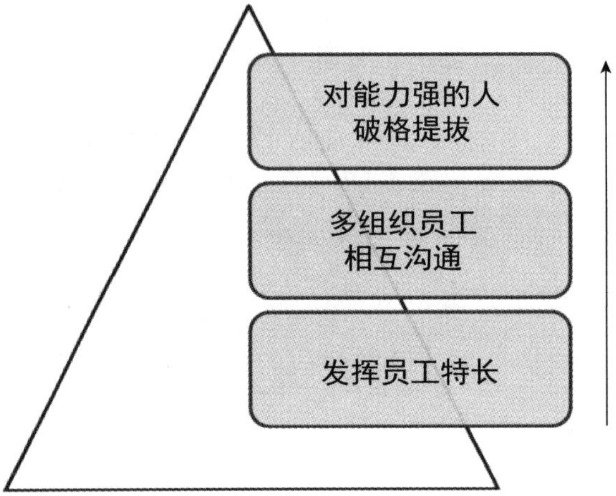

1. 发挥员工特长

即便员工能够成功完成工作任务并完全负责，也不代表他对企业很满意，恰恰相反，有时候越是优秀员工，他的内心越讨厌企业所分配的工作岗位，这也正是许多员工离职时会让老板大吃一惊的原因。

对于具备特长的员工，HR 管理人员可以兼顾其特长和企业需要，如果情况允许，可以让他同时兼做两份工作，最起码让他能和自己的兴趣特长领域有所接触。这样，不仅可以提高企业人才使用效率，也能留住员工，防止流失。

2. 多组织员工相互沟通

即便和领导沟通很顺畅，但和身边的同事缺乏沟通、存在隔阂，也是员工流失的重要原因。作为人事领导，不仅要自己身体力行，及时和下属沟通，而且要组织座谈、研讨和下班之后的娱乐、活动等，培养员工之间的情感。这样，员工感觉身边的人越来越熟悉、逐渐敞开内心世界，才能真正适应和忠诚于企业。

3. 对能力强的人破格提拔

如果企业中出现能力强并被员工广泛认同的人才，那么HR管理人员必须认真思考并向领导提出建议，包括给这样的人才怎样的待遇和职位、采用什么样的提拔节奏等，这方面的用人策略必须仔细讨论、慎重决定。

全面设计好挽留方案，可以让员工充分意识到自己在企业内的价值，并愿意为企业贡献自己的力量，而这正是HR管理人员努力工作的价值和意义所在。

8.5 员工离职流程

无论HR管理人员多努力地减少人才流失，员工的离职毕竟是市场经济下的正常现象。这要求HR管理人员一方面努力减少员工离职现象，另一方面要熟悉离职管理工作流程，为企业和员工的“和平分手”做出贡献。

下面介绍离职管理的工作流程。

8.5.1 准备

在准备阶段，HR管理人员需要做好解除或者终止劳动合同的相关工作，包括对双方权利和义务方面信息的准备、资料的准备等。

8.5.2 告知

在企业做出决定，或员工提出申请之后，需要由HR管理人员告知另一方，传递解除或者终止劳动合同的信息，并请对方接受。

如果是企业提出辞退员工，需要根据相关法规发出解除或终止劳动合同的通知，否则就可能发生违法事件。在设计解除劳动合同通知书时，需要体现出企业对法规原则的遵守，并能够真正成为具有法律效力的书面文件。

【范文5】 解除劳动合同通知书

解除劳动合同通知书

________：

依据《劳动合同法》第36条相关规定，您于___年___月___日与公司提出协商解除此前________公司与您订立的劳动合同（合同期限：___年___月日至___年___月___日），公司予以同意。

经协商一致后，您的劳动合同于___年___月___日解除。

您需要结算一下薪资和补偿金事项：

1. 您薪资结算至___年___月___日，计_____元；

2. 此种情形公司不需要支付经济补偿金。

您需要办理以下交接手续：

1. ______________________________。

2. ______________________________。

以上事宜完成后，按照公司离职规定办理离职手续。

本劳动合同解除书一式两份，公司和劳动者各持一份，具有同等法律效力。

__________公司

___年___月___日

8.5.3 面谈

在合同决定解除或者终止之后，无论提出方是企业还是员工，HR管理人员都需要和员工进行离职面谈。这种离职前的面谈能够帮助HR管理人员充分明确员工离职原因，并找到调整企业人事工作的对策。

8.5.4 清理

由HR管理人员和离职员工双方进行相关事务的清理，包括企业和离职员工相关权利和义务的兑现等。

清理事项包括下面的内容：

1. 行政后勤部门

包括领用物品的清理，HR 管理人员可以将物品和员工领用物品上的记录项目一一对应清理，确认损坏或遗失的物品，履行赔偿责任。

2. 财务部门

包括是否有客户应收账款，是否有从财务部门借出的款项，是否存在还没有报销的出差费用等。

3. 人力资源部门

是否存在违纪处理项目需要履行经济责任，是否存在培训服务期限协议需要履行，是否存在保密协议需要履行，是否需要签订竞业限制协议并启动履行，是否符合提前 3 天或 30 天提出离职或解除合同的规定等。

8.5.5 交接

离职员工需要将自己没有完成的工作和相关事务与企业指定的承接人做好转移和交接工作。主要包括下面的工作。

（1）离职员工向上级报告未完成的工作内容，例如其代表公司和客户签署的协议、合同、合作意向等，其中完成部分和尚未完成部分都要对上司汇报清楚。

（2）和工作相关信息的汇报和交接。

（3）岗位生产或工作工具的交接。

（4）其他部门所需要的管理事项的交接。

8.5.6 清算

根据离职员工的特点，包括其岗位的特点、掌握资源情况，分别进行岗位上的物质清算、财务清算、人事事务清算和补偿清算等。

在清算过程中，对离职工资和经济补偿金的清算内容应更为注意，其中包括以下四点。

（1）离职当月的工资清算内容。

（2）经济补偿金的核算内容。

（3）如果有培训服务期的协议违约责任，也需要进行清算。

（4）如果有竞业限制协议，企业需要履行补偿金。

【附表27】 离职清算表

离职工作交接清单

<table>
<tr><td>姓名</td><td></td><td>性别</td><td></td><td>部门</td><td></td></tr>
<tr><td>报到时间</td><td></td><td>监交人员</td><td></td><td>交接人员</td><td></td></tr>
<tr><td>离职类型</td><td colspan="2"></td><td>应聘来源</td><td colspan="2"></td></tr>
<tr><td>经办部门</td><td colspan="2">经办事项</td><td>承办人</td><td>办理情况</td><td>经办人签字</td></tr>
<tr><td>行政部</td><td colspan="2">考勤日期</td><td>考勤员</td><td></td><td></td></tr>
<tr><td>离岗部门</td><td colspan="2">工作交接</td><td>部门负责人</td><td></td><td></td></tr>
<tr><td>行政部</td><td colspan="2">图书、资料、文具</td><td>专管人员</td><td></td><td></td></tr>
<tr><td>行政部</td><td colspan="2">固定资产</td><td>行政部负责人</td><td></td><td></td></tr>
<tr><td>财务中心</td><td colspan="2">欠款</td><td>财务部负责人</td><td></td><td></td></tr>
<tr><td>行政人事部</td><td colspan="2">离职人员违约金</td><td>行政部负责人</td><td></td><td></td></tr>
<tr><td>财务部</td><td colspan="2">薪资结算</td><td>财务部负责人</td><td></td><td></td></tr>
</table>

（续表）

	部门意见	部门负责人签字：　　　　日期：
	行政人事部意见	人事部签字：　　　　日期：
	公司分管领导意见	分管领导签字：　　　　日期：
	总经理意见	总经理签字：　　　　日期：

8.5.7 签署协议并存档

在离职手续处理结束之后，HR 管理人员应该将员工个人的所有工作资料整理归档，并保存至少两年以上。

需要注意的是，存档的资料还包括离职证明，根据相关法律规定，企业在为员工办理离职手续时，必须出具一份离职证明。

另外，除非劳动合同到期，对于那些劳动合同还在有效期内的员工，企业应该和他们签署《解除劳动合同协议书》，其内容应当尊重事实，根据实际解除劳动合同的缘由如实填写。

和离职人员有关的存档资料清单如下：

· 员工离职申请或解除（终止）劳动合同通知书。

·员工物品领用卡。（公司应保留原件）

·员工离职清算单。（公司应保留原件）

·离职证明。（公司应保留复印件）

·离职体检报告。（公司应保留原件）

·解除劳动合同协议书。

·离职员工人事文件签收记录表。

·退工单、退社会保险单、退住房公积金单。

·在企业工作期间签署的文件。

·员工入职时所递交的资料。

8.5.8 核对检查

对上述步骤逐一核对检查，确认没有差错，就可以结束离职处理工作。

8.5.9 员工离职时应告知的五个注意事项

1. 社保续缴期限

如员工已经离岗且未到公司缴纳社保金的日期，公司有权不缴纳，离职交接在社保缴纳期后离岗的需要公司缴纳。

2. 离职证明使用

HR管理人员应主动告知员工在15天内来领取离职证明，并明确告知其用途和使用方法。

3. 未结工资领取

HR管理人员在和财务部门协商之后，通知员工于一定时间内领取未结工资。

4. 公积金关系

员工与单位解除劳动关系后，马上到新工作单位重新就业的，HR管理人员可通知其已经将住房公积金账户及其结余资金转移到新就业单位，并由新单位继续缴存住房公积金。 如员工与单位在解除劳动关系之后未能重新就业，则应告知其已经将住房公积金账户及其结余资金转移到市住房资金管理中心建立的住房公积金集中封存账户内。

5. 通信地址变更

HR 管理人员应提醒员工及时变更个人对外通信地址，防止因为未能及时变更而产生的联系失误或物品遗漏情况。

【附表 28】 离职证明书

姓名		性别		年龄	
职务		职称		到职日期	
离职原因					
工作简评					

（续表）

该同志已于　　年　　月　　日正式从我公司离职，并合法解除劳动关系。 （公章） 年　　月　　日

注：本证明一式两份，公司和离职人员各一份。

第9章
凝聚人心，让人力资源成为企业形象窗口

- 将最好的企业文化展现给员工
- 调解员工关系，和谐企业氛围
- 善包容，巧妙构建关系网
- 保持与前员工的联系，储备企业资源

9.1 将最好的企业文化展现给员工

如何管理企业，是企业运行的永恒主题，而人力资源管理更是为了让企业中每个成员都能团结协作、各尽其才，从而让整个组织能够最大程度发挥每个人的能力。为此，人力资源管理不仅需要一种“他律”，即利用制度管理员工，更需要向员工展示一种文化的认同，从“要我这样做”到“我要这样做”，有了这种文化力量潜移默化的作用，整个企业的管理理念和员工的工作理念才会发生根本转变。

那么企业文化可以从人力资源管理的哪些过程加以表现呢？

9.1.1 企业招聘过程是展示企业文化的重要源头

企业文化需要有与之相适应的员工来贯彻执行，而招聘则是企业获取这些员工的主要渠道。在传统招聘过程中，更多关注应聘者个人学历、技能和品德，却忽视了对其工作态度、价值取向、激励方式等因素的考察。结果，人力资源部门将这些看似相同的“标准人才”吸收进企业，然后才想到利用不同途径灌输企业文化，难免会遭遇困难。

这是因为尽管企业文化能够在相当程度上改变员工，但毕竟一个人的工作态度和价值取向不是在短期内能改变的，想要解决这一问题，必须从源头入手。

例如，H公司的招聘部门将面试房间设置在企业的荣誉展示厅，每个前来面试的应聘者都会接受一次企业荣誉展示的熏陶，围绕展示厅中的员工个人奖励、企业奖励，HR管理人员会在面试中同他们积极展开对职业生涯和行业前景的交流，通过这样的过程，应聘者如何看待工作责任与职场荣誉，其态度也完全展现在招聘团队的面前。

9.1.2 培训过程是展示企业文化的重要环节

优秀的企业文化重视对员工的培养，同样，人力资源管理工作中不可或缺的部分也是对员工能力的培训和开发。

海尔的企业文化中，提倡“赛马术”人力资源管理的理念，这种理念认为传统中国历史文化中“世有伯乐，然后有千里马”的“相马术”并不适应今天的平台，而是需要让人才在竞争中脱颖而出，通过竞争去选拔。

因为有了这样的思想，在海尔，人力资源培训的过程成了员工相互竞争的平台，员工从一开始就带着比赛的心态进入培训场地，并始终保持着高昂的斗志，这既是人力资源管理的成功，也是企业文化的成功。

9.1.3 对员工的激励不应忘记展示企业文化

人才是企业成功的关键，企业需要结合绩效管理、薪酬管理、人员选拔、晋升提拔等不同方式，鼓励员工，激发他们的潜力。但在企业的激励过程中，HR 管理人员也不应忘记展示企业文化，因为只有融入了企业文化的激励机制，才能更好地巩固企业运营基础，反过来，激励机制又能让员工更加积极地看待企业文化，对人力资源管理起到促进作用。

一家以健康、和谐生活观念为企业文化的保健品公司，在该公司的激励机制中，除了人力资源管理中常见的激励手段外，尤其重视员工的家人。公司每年都会和旅行社合作，让优秀员工带家人去旅游，公司负担全部费用；对普通员工，公司到年底会给他们的家人发放红包，打入专门的账户；对于遭遇困难的员工家庭，公司也会拿出专用账户中的钱，向他们表示慰问……在长期激励机制的影响下，该公司的员工只要想到公司的管理制度，心头就会泛起暖意，并充满工作热情。

毋庸置疑，人力资源管理工作的成功主要依靠 HR 管理人员的专业技能、业务能力，依靠大大小小的人力资源管理工具。但不应忽视的是，企业文化的积极展示对员工也有重要的影响，包括组织环境影响和精神影响，可以认定的是，企业文化和人力资源管理手段息息相关，能够起到普通管理手段无法达到的效果，从而提高人力资源管理的工作效率。

9.2 调解员工关系，和谐企业氛围

在许多中小企业，人力资源部门经理除了日常工作，经常还需要扮演“调停者”的角色。

某企业销售部有十几名员工，内部竞争相当激烈。一天，销售部刘经理刚走进办公室，员工袁强就走了进来，抱怨同样是销售员工的何军。袁强说，何军欺人太甚，为了自己的业绩，故意将一些信息透露给客户，造成客户放弃与袁强合作，转而和何军合作，这简直是整个销售部门的耻辱。

在一通抱怨之后，袁强让刘经理对何军进行处罚，而且必须是马上，否则自己就立刻辞职。

刘经理看着眼前怒气冲冲的袁强，感到非常矛盾，他知道，何军并没有袁强说得那么不堪，中间很可能有一些误会，但两个人的冲突如果不能处理好，就会给公司和部门带来损失。于是他去找了人力资源部门的程经理……

面对如此棘手的冲突，刘经理会怎样做呢？要知道，员工之间因为内部竞争等原因而产生的矛盾，在许多公司都不可避免，大多数部门管理人员并没有足够的时间和经验去处理，需要HR管理人员参与其中解决矛盾。

HR管理人员在处理员工之间的冲突时，需要按照下面的步骤进行。

9.2.1 调查事情的基本情况

（1）弄清楚问题和矛盾的重点，不能看到表面现象就将之看作解决问题的依据。

（2）调查清楚当事人。很多情况下，员工 A 和 B 之间的矛盾只是表面现象，其背后可能关系到 C 和 D 甚至两个部门，只有从众多相关当事人中找到最主要的对立者，才能理清关系和矛盾，HR 管理人员也能进一步全面掌握当事人的思想状况、矛盾关联，并根据不同的当事人确定调解方法。

（3）弄清楚冲突背景。企业的内部冲突更多的是由误会引发的，一些员工之间的纠纷则更多的是信息传递过程中的误差。因此，弄清楚其中的问题，也就不难平息冲突了。

9.2.2 态度要公正

在调解员工之间的矛盾时，HR 管理人员如果掩盖矛盾或者欺软怕硬，都不利于问题的解决。相反,应该用真诚和负责的态度对事情进行公正处理，这样不仅能够解决问题中对立员工的纠纷，也会获得企业中其他人的尊重。

9.2.3 解决矛盾的必要过程

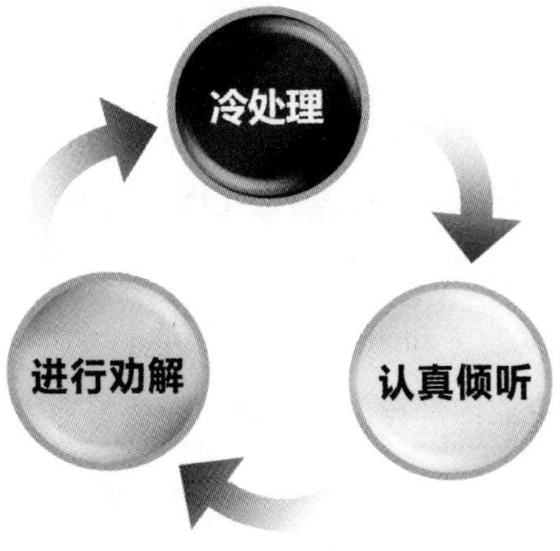

1. 冷处理

在这一环节中，必须先将双方当事人暂时分开，或者与其中一方谈话，另一方回避。在当事人采用抱怨来发泄情绪时，必须保持足够的耐心。

2. 认真倾听

在当事人冷静以后，请他们进入办公室，认真倾听他们的陈述。并注意分析：他们的陈述不同在何处，是否有夸大或缩小等掩盖事实的部分，是否有前后不一致的地方。适当情况下，HR 管理人员也应该向员工分别提问，以便了解真相。

3. 进行劝解

劝解之前，可以通过一些对员工有影响力的人，例如上司、师傅、客户、前辈进行协调，缓和冲突，然后再进行劝解。

劝解包括下面三种方法。

（1）当面劝解。在问题已经较为清楚，当事人的情绪也平和下来，已经打算解决问题的时候，让双方心平气和地坐在一起，彼此将问题解释清楚并互相道歉。

（2）引导劝解。对于情绪较大、不愿意解决问题的下属，先引导对方冷静下来，并帮助他们学会站在对方的角度考虑问题，看到自身不足，进一步解决纠纷。

（3）关键性劝解。有时候，当事人之所以坚持不愿和解，原因在于冲突背后存在支持者、利益相关方，不妨先做好这些群体的工作，获得他们的谅解之后，再迂回做双方的工作。

企业内部员工产生冲突和矛盾都是正常的，如果引导得法，这样的冲突和矛盾可以弱化为企业内部竞争，帮助企业更好地进行团队建设。

9.3 善包容，巧妙构建关系网

人力资源部门是企业内部人际关系的缓冲器，HR管理人员则理应是不同部门、不同层级员工之间的核心人物。为此，HR管理人员必须善于包容不同矛盾，能够在企业内部巧妙地构建关系网。

想要打造和所有员工的关系网络，不妨采取下面的方法。

9.3.1 开诚布公

面对不同部门的领导、员工，HR管理人员必须认识到，他们都是长期共事的同事，因此，只有以诚实坦率的包容态度为基础，才能赢得大家的信任。

企业内的人际关系相处最忌讳欺骗、隐瞒，这不仅会在短期内损伤对方的利益，还会破坏长远信任关系，一旦欺骗一次，就会失去员工的信任，即使日后进行沟通也会顾虑重重，刻意隐瞒重要信息。如果这种信任危机随着HR管理人员的行为传播，笼罩在整个企业内部，会让部门和部门之间充满提防，让员工和员工之间无法相处。

相反，与企业同事之间的相互信任，能够让双方在沟通时积极跨越鸿沟，当坦诚态度传递到其他人心中时，他们会明白HR管理人员的立场，并因此说出自己的需求、考虑，积极提高合作意愿，同时共同解决问题。

想要做到诚信沟通，有几个关键因素。

·不要试图解释自己做错的地方。

·不要隐瞒对同事不利的事实。

·不要情绪化，随便引起争论。

·不要在同事说话时打断对方，多带着欣赏和理解的微笑去聆听对方说话，效果会更好。

另外，频繁的人际互动也有利于提高HR管理人员和同事之间的熟悉程度，HR管理人员可以更加设身处地想问题，也能让同事更好地理解，在多个部门之间开展活动，能够同时提升多方的理解和信任。

9.3.2 不要躲避冲突

在和同事的沟通中，一味地强调理解、信任并不恰当，尤其是面对矛盾时，不同身份的同事为了维护本部门、本人的利益，难免会出现一些利益博弈甚至斗争。在这种情况下，HR管理人员（尤其是新手）常常为了息事宁人，不愿意表达自己的观点，即使面对错误也不敢据理力争，而是用沉默来维持表面上的和谐。

正确的做法是，HR管理人员的态度可以礼貌、文雅甚至柔软，但立场必须坚定、清楚，必须用坚定的态度彰显作为企业管理者之一的应有立场，更不能轻易地改变立场，动摇决心。虽然HR管理人员需要与其他部门、其他人都保持良好关系，但完成工作、维持整个企业的利益更是责无旁贷的工作任务。

9.3.3 多向同事指出事实

在和同事进行沟通时，要牢牢控制住话题的走向，防止内容盲目、缺乏计划性。想要让沟通话题得以聚焦，那么应该积极呈现眼前的事实，让人们能够将注意力集中在目前最紧急的中心议题上，减少其他枝节问题。

人力资源部门需要和市场营销部门讨论老员工流失带来的销量下降问题，在沟通一开始，HR经理就应该强调销量下降这一事实，并指出该事实意味着企业受到怎样的损失。如果从市场营销部门为什么会流失老员工开始谈话，即使费尽口舌，HR经理也还是难以说服对方认识到问题之间的关联性。

在类似的沟通情境下，需要将“人为”的因素降到最低，这是因为个人的行为、动机等都会有两面性，事实却是不容推翻的，因此，提出事实就能够打造出唯一的议题，打造和谐的沟通氛围。

9.3.4 多向同事提供选项

当HR管理人员和下级或其他部门员工沟通时，不要只是对单一做法执着不已，如果硬逼对方做出是或者非的选择，那么很容易丢掉双赢的可能，反而因为对方无力做到而陷入全面失败。与此相反，HR管理人员要学会开发出多样化的选项。

HR管理人员接到要求某部门派员工外出培训的项目，可以一次向部门提出3～5个人选方案，这样，其他部门的经理人和员工都会有更大的选择机会。如果硬性规定部门派出某员工，并在私下传递信息暗示这是老板的意思，很可能会弄巧成拙，披上“虚伪”的骂名。

9.3.5 尊重同事的权力

即使再小的部门，其部门领导都是其权力行使范围内的最高决策者，毫无疑问，他们也期待别人能够认同并尊重这一点。同样，即便是刚进入实习岗位的员工，也有着自身的工作权力范围，HR管理人员不能对此熟视无睹，在企业内部进行横向沟通时，一定要充分认识这一点。

例如，市场营销部门推出的最新网络营销项目，下周就要在人力资源部门的协助下开始培训了，但信息部门相关的网站建设尚未完成，这时候HR管理人员需要组织协调三方，但应该做的不是马上去找负责网站建设的工程师，而是去找信息部门的主管沟通，找出解决方法，否则对方很容易认为HR管理人员故意无视其领导地位。

把握的原则是，彼此沟通中结合位阶对等的关系，避免造成不应有的误会。

9.3.6 确保下属员工获取更全面的信息

在完成某项目或任务的联系和沟通之后，HR管理人员回到人力资源部门，有必要向下属传递最新的工作目标和相关信息，同时，还应该提醒相关部门的领导，做好内部的信息传递工作。

这是因为，很多情况下，HR管理人员主导的沟通是在同位阶的领导者之间进行，而想要确保联系网得以建立，决策能够真正得到执行，就要在部门内部进行纵向传递，保证共识不会打折扣，也确保能够立体稳定地搭建联系网。

9.4 保持与前员工的联系，储备企业资源

身处企业组织中，HR管理人员经历着职场上最多的聚散离合，在企业发展的不同阶段，总会有离开企业的员工，他们中有的人是为了更美好的未来，有的人则是为了选择自己的生活，但无论个中原因如何，HR管理人员都应该学会为员工巧妙送行。

为员工送行其意义远非一次象征性的活动。当员工离开企业时内心总会不平静，无论是对未来充满期待，还是因为工作能力不佳而选择“退出”，他们都希望获得来自原有环境的理解和支持，都希望带着圆满的结局结束自己这段职场生涯。

正因如此，如果HR管理人员能够代表企业在员工离职时给予支持和理解，给予充分的尊重，那么绝大多数离职员工会记住企业的人情味，即使日后和企业毫无利益关系，也会成为企业形象的传播者，帮助企业提升影响力。

某商务咨询公司的一位管理者被猎头公司挖走，到另一家更大的企业担任副经理。这家商务咨询公司的老板一开始很不高兴，根本不想听见离

职者的名字，更不用说为他送行。但该公司的HR经理建议，可以用公司的名义为他举行一次离职欢送会，既是对其多年工作业绩表示肯定，也能够在今后多一名潜在的企业形象宣扬者，甚至是未来客户。

老板听从了建议，举行了这次欢送会，该管理员工很感动。数年后，他在新的企业成为总经理，依然没有忘记原来这家供职过的公司，并为该公司介绍了多个大客户。

实际上，离职员工尤其是离职的优秀员工，是珍贵的财富，完全值得付出努力去经营同他们的关系。下面不妨学习一下著名企业人力资源部门的处理方式。

9.4.1 建立离职员工数据库

麦肯锡公司的人力资源部门将离职员工看作毕业之后的校友，为此，他们专门建立了被称为校友录的“前雇员关系数据库”，其中包括了离职员工的详细情况、新的联系方式、新的职业情况等。

建立离职员工数据库虽然会花费很多时间和精力，却获取了更为广袤的资源。例如这些“校友”们能够推荐适合企业的新员工，进而有效节约企业招聘资源；能够帮助推广企业文化，从而扩大企业知名度。

9.4.2 办一个离职欢送会

在惠普公司，员工离职时，人力资源部门会举办一个离职欢送会，欢送会通常由员工直接上司出面，邀请和员工同级别的人来参加，或者赠送员工离职纪念品，增进情感交流、倾听离职者的感受。

如果企业同意，HR管理人员完全可以将这样的方式引入企业，以企业的名义举办离职欢送会，能够给员工留下深刻印象，并愿意和原企业保持深入长久的联系。当然，在离职欢送会上，HR管理人员和周围的同事应该保持一致态度，即对离职的员工做到不指责过去的事情、不强行挽留，并寄予良好祝愿。

9.4.3 在员工离职后适度联系

在PM公司，HR经理经常会邀请离职的优秀员工参加公司年会，并向他们介绍公司的发展、未来规划，安排和离职员工关系较好的同事进行沟通问候等。通过这种方式，公司能够拥有更多的信息来源。

适度联系离职的优秀员工，除了可以让对方感到HR管理人员对他们的关心外，还能因为彼此之间并非同事关系，进而获得更多客观的信息。

对于离职员工，即使是原本毫不起眼的人，也有必要深入观察和了解，并建立新的关系。将来会发现这些离职员工依然是公司的宝贵财富。